메타버스 시대의
아이디어 마케팅

지은이 **여성환, 여동윤** 공저

Star Platform

머리말

뭔가 창의적이고 혁신적인 아이디어가 필요할 때 좀처럼 떠오르지 않는다면 그건 비극이다. 이 글을 읽는 여러분들은, 시간의 흐름과 함께 발전한 기술과 정보매체로 인하여, 점차 얻는 정보의 양은 많아졌고, 심지어 경험도 많이 축적돼 당신의 회사와 제품을 혁신(革新)적으로 발전시킬 좋은 아이디어가 나올 것 같은데, 도대체 나오지 않을 때가 있었을 것이다.

당신의 경쟁자는 점점 혁신 제품을 내세워 우리 회사의 사업영역을 위협하고 있는 상황에서, 공들여 출시한 상품의 매출이 시원치 않으면, 회사의 존망에 대한 두려움과 함께 현 상황을 타개할 혁신적인 제품 아이디어에 대한 요구가 커지게 된다.

먼지가 잔뜩 끼고 녹슬어버린 것 같은 우리 조직을 철수세미로 박박 문질러버리고 싶지만, 한 부분만 손댄다고 해서 해결될 문제도 아니고, 획기적인 변화는 현실적으로 대단히 어려운 일이다.

그렇다면, 우리 조직에 혁신을 가져올 방법은 없을까? 방법을 알아보기 전에 혁신이 무엇인지 사전적 의미부터 살펴보면, **혁신(革新): '일체(一切)의 묵은 제도(制度)나 방식(方式)을 고쳐서 새롭게 하는 것**'이다. 한자를 한자씩 살펴보면 革(가죽혁)과 新(새신)의 결합이다. 가죽을 늘이거나 자르고 깎아서 새로운 것을 만들어내는 것을 말한다. 가죽 공예처럼 기존에 있는 가죽 원단과 공구를 이용해서 현재의 상태보다 더 유용한 가방이나 지갑 벨

트와 같은 것들을 만들어낸다는 의미이다.

  혁신은 창조가 아니라 있는 것들을 가지고 새로운 것들을 만들어내는 일이다. 혁신 제품 아이디어도 마찬가지로 기존에 있는 제품에서 기능을 개선하거나, 다른 두 가지 이상의 기능을 결합하거나, 불필요한 기능을 빼거나, 관련이 없어 보이는 기능을 더해서 새로운 제품을 만들어내는 것을 말한다.

  4차산업혁명과 AI 그리고 메타버스로 인해 끊임없이 변하는 미래의 경영환경 속에서 살아남고자 한다면, 혁신적인 아이디어로 중무장한 마케팅 전략이 필요하다. 그것도 어쩌다 한번 반짝하는 일회성이 아닌, 지속 가능한 경영을 하기 위해서라면 누구나 내놓을 수 있는 평범한 것이 아닌, 독창적인 제품과 서비스를 끊임없이 개발할 수 있는 상태로 조직을 변화시켜야 한다.

  그래서 필자는 그동안 기업 경영과 마케팅 분야의 경영컨설팅과 경영자문을 하면서 쌓인 노하우와 경험을 모아서 혁신적인 제품의 아이디어를 끌어내는 방법을 소개하고자 한다.

2023년 8월

    혁신이 필요한 사람에게 도움이 되길 바라며,

여성환

차 례

I부 아이디어 발상법

제1장 아이디어의 탄생 ··· 2
1. 도대체 아이디어란 무엇일까? ································ 2

제2장 자료수집 ··· 9
1. 목표설정 ··· 9
2. 자료수집 ·· 11
3. 기타자료 ·· 18

제3장 수집한 자료 소화하기 ·································· 20
1. 자료정리 ·· 20
2. 수집한 자료분석 ··· 21
3. 고객의 요구 충족을 위한 아이디어 생산 ····················· 23

제4장 아이디어를 위한 휴식과 숙성 ························· 27
1. 휴식(Rest) ··· 27
2. 숙성(Incubation) ··· 28

제5장 느닷없이 나타난 아이디어 ···························· 30

제6장 아이디어 검증 ·· 32
1. 시장성 분석 ··· 32
2. 기술성 분석 ··· 34
3. 경제성 분석 ··· 37
4. 주변에 내놓고 검증받기 ······································ 39

7장 제품화하기 ·· 41
1. 피드백 ·· 41
2. 생산 준비 ··· 44
3. 대량 생산 ··· 46

II부 생각의 전환

제8장 환경의 변화 ·· 50
1. 기술의 변화 ·· 50
2. 조직 속에서 자신의 아이디어 끌어내기 ············· 52
3. 무의식과 아이디어 ··· 55

제9장 아이디어 발상법들 ·· 57
팀에게 적합한 아이디어 발상법 ··························· 57
1. 브레인스토밍 ·· 57
2. Osbone 자문법 ·· 58
3. 노트 수집법 ·· 59
4. NBS법 ·· 60
5. CBS 법 ·· 61
6. 연꽃 만개법(Lotus Blossom) ······················· 62
7. 명목집단기법(Nominal Group Technique) ··· 63

개인에게 적합한 아이디어 발상법 ······················· 64
1. 묵상법 ··· 64
2. 독서법 ··· 66
3. 산책법 ··· 68
4. 탁상법 ··· 70
5. 침상법 ··· 72
6. 단어법 ··· 74
7. 여행법 ··· 75
8. 측상법 ··· 77
9. 워크법 ··· 77
10. 도락법 ··· 78

제10장 ChatGPT와 아이디어 발전 ························ 79
1. 문제인식 ··· 79
2. 다양한 관점 ·· 80
3. 느슨하고 유연한 진행 ······································ 81

4. 명확한 의도 ·· 81
5. 발상의 패턴을 바꾸는 기술 ······························ 82
6. 천재들의 창조적 아이디어 사고전략 ················ 83

Ⅲ부 아이디어 마케팅

제11장 아이디어 마케팅 ·· 88
1 아이디어 마케팅이란? ······································ 88
2. 변화와 수용 ·· 91
3. 아이디어 마케팅 출발 ······································ 92

제12장 아이디어 마케팅 전략 1 ······························ 93
1. 3C 분석 ·· 93
2. STP 전략 ·· 101

제13장 아이디어 마케팅 전략 2 ···························· 111
1. 브랜드 네이밍 ·· 111
2. 브랜드 네이밍 방법 ······································ 113
3. 브랜드에 스토리를 담다 ······························ 115
4. 고객가치 ·· 118
5. 디자인에 진심을 담다 ·································· 119
5. 선택과 집중 ·· 121
6. 선택과 집중 방법 ·· 122
7. 이기는 방법 ·· 123
8. 이순신 장군의 이기는 법 ···························· 123
9. 보응우옌잡(Võ Nguyên Giáp) 게릴라 전술 ······ 126

14장 아이디어 마케팅의 미래 트렌드 ···················· 129
1. 기술 발전과 그 영향 ···································· 129
2. 인공 지능과 머신러닝의 역할 ······················ 131

Ⅳ부 아이디어 상품 사례
다이어터들을 위한 숟가락 ···································· 136

이제는 굵는 것마저 속인다. ································· 137
제품을 바코드로, 바코드를 제품으로 ······················ 139
마시는 만화 ·· 141
깎지 않는 손톱깎이 ··· 142
이제는 세탁기에도 물이 없어진다. ···························· 143
잠자는 캡슐 ··· 145
생명을 살리는 추억의 장난감 ··································· 147
손 없이 즐기는 게임 ··· 148
돈만큼 달콤한 열매 ··· 150
극장에서 마시는 커피 한잔 ······································· 151
지구를 살리는 스티커 ··· 153
하루를 시작하고 마치는 창, 거울 ····························· 155
사료는 더 이상 맛이 아니라 경험이다. ····················· 157
덩굴처럼 자라나는 로봇 ·· 159

참고문헌 ·· 162

I부 아이디어 발상법

제1장 아이디어의 탄생

1. 도대체 아이디어란 무엇일까?

 필자가 초등학교를 다닐 때 아이작 뉴턴이 '**사과나무에서 사과가 떨어지는 것을 보고 우연히 만유인력을 발견하였다**'고 배우면서 혁신적인 아이디어는 '천재들이 우연한 기회에 섬광처럼 번쩍이는 아이디어가 떠오르면서 시작되는 것'으로 여기게 된 것 같다.
 필자가 받은 학교 교육은 창의성보다 같은 문제를 두고 모두가 똑같은 답을 찾는 법을 찾는 것이었다.

<만유인력. 출처: m.blog.naver.com/hs950520/221803314034>

 그렇다면, 이 말이 진실일까? 이것 말고는 혁신적인 아이디어를 이끌어낼 방법이 정말 없는 것일까? 있다면 그것은 무엇일까? 이러한 의문과 함께 1부 아이디어 발상법을 시작한다.

DDB 월드와이드 창립자이자 카피라이터인 윌리엄 번백은 아이디어의 중요성을 강조하면서 "화학자라면 큰돈을 들이지 않아도 인체를 구성하는 화학물질들을 준비할 수 있을 것이다. 정작 화학자가 할 수 없는 일은 그 안에 생명을 불어넣는 것이다."라면서,
　"지식은 반드시 소화 과정을 거쳐야 하고, 결국에는 참신하고 새로운 조합과 관계라는 형태로 드러나야만 한다."라고 하였고, "아인슈타인은 이것을 '직관'이라 불렀고, 직관이야말로 새로운 통찰로 가는 유일한 길이라고 생각했다."라고 말했다.
　아이디어란 기존에 있는 제품이나 서비스와 같은 사실과 현상들을 분석하고 연결해서 생명을 불어넣어 새로운 제품이나 서비스를 탄생시키는 것이라고 보면 좋을 것이다.

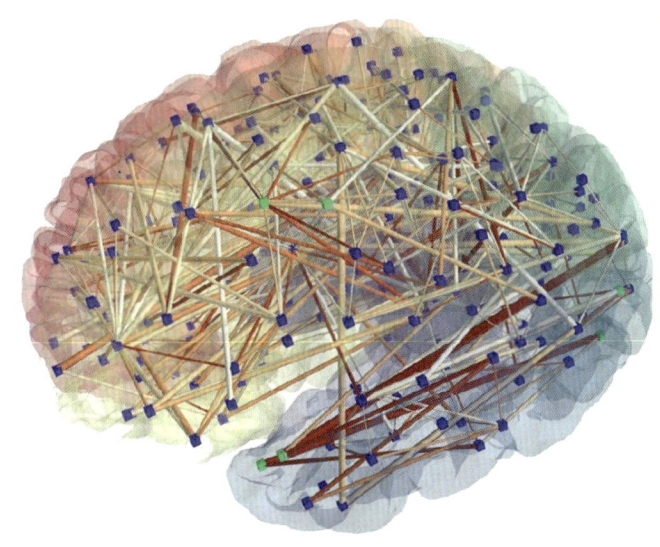

<두뇌 신경의 정보전달. 출처: PNGWING>

정재승 KAIST(바이오 및 뇌공학)교수는 이렇게 말했다. "신경과학자들이 아이디어가 떠오르는 순간 뇌에서 어떤 현상이 일어나는지를 알아보기 위해 피실험자의 뇌를 fMRI 촬영을 통해 혁신적인 아이디어가 만들어지는 순간, 평소 신경 신호를 주고받지 않던, 굉장히 멀리 떨어진 뇌의 영역들이 서로 신호를 주고 받으면서 함께 정보를 처리할 때 창의적인 아이디어들이 나온다는 사실을 발견했다. 뇌가 서로 상관이 없는 것을 연결하는 과정에서 기존에 없던 혁신적인 아이디어를 만들어낸다는 사실을 관찰한 것이다."

"다시 말해, 혁신적인 아이디어란 오래된 요소들의 새로운 조합이며 기존에 있던 요소들의 새로운 결합의 관계를 발견하는 것이라고 할 수 있다."

필자가 1993년 창업이래, 중소기업을 대상으로 경영컨설팅을 해오면서, 수많은 **제품과 서비스**(이하 '제품'이라 한다)를 개선하기 위해, 끊임없는 자료수집과 고민을 통해 아이디어를 이끌어 내면서 느낀 것은 **'아이디어는 하늘에서 그냥 뚝 떨어지는 마법과 같은 것이 아니라는 것'**이다.

다시 말해, 아이디어라는 게 어딘지 모를 신비로운 영역에서 영감을 얻어서 한순간에 '짠'하고 나타나는 신비로운 것이 아니라 매우 과학적이고 체계적인 과정을 거쳐서 탄생하는 것이고, 누구나 노력하면 혁신적인 제품의 아이디어를 도출해 낼 수 있다는 것이다.

아이디어가 탄생하는 과정

석회암 동굴에 가보면 아름다운 종유석을 볼 수 있는데, 이것이 하루아침에 만들어졌을까? 긴 시간에 걸쳐 석회암이 물에 녹아내리면서 종유석 동굴을 만들어 왔는데, 어느 날 동굴이 발견되면서 우리 앞에 한순간 나타나는 것이다.

　우리가 피부로 느끼지는 못했지만 꾸준한 물의 흐름으로 석회암이 녹아내리면서 물길이 형성되고, 한 방울씩 천천히 흐르는 물의 흐름을 따라 종유석과 석순이 자라나는 것처럼 우리의 뇌 안에서 아이디어는 자라다가 동굴이 발견되는 순간처럼 어느 순간에 '짠'하고 나타나는 것이다.

<종유석 동굴. 출처: 픽사베이>

　혁신적인 제품의 아이디어를 이끌어내는 것은 창의력으로 똘똘 뭉친 천재들의 '우연'이 아니라 혁신 제품을

개발해 나가는 '과정'이라고 할 수 있다.

　아이디어가 만들어지는 과정도 골목식당의 백종원 대표가 출연한 식당 대표와 협력해서 새로운 메뉴를 개발하는 과정과 유사하다.

　먼저 상권을 분석해서 어떤 성향을 가진 사람들이 지나다니는 상권인지? 새로운 메뉴는 누구를 타깃(Target)으로 하는지? 가격은 어느 정도로 할 것인지? 예상 판매량은 어느 정도인지? 자료를 수집하고 분석하는 과정을 거치게 된다.

<타깃. 출처: Pixabay>

　다음으로 조건에 맞는 좋은 음식을 만들기 위해서 좋은 재료를 구매하고, 다듬고, 적절히 숙성시키고, 좋은 맛을 낼 수 있는 조미료를 넣고 적절한 조리과정을 거쳐

서 음식이 완성되면, 시식회를 거쳐서 고객들의 반응을 알아보고 보완할 것들이 있으면 보완해서 메뉴를 완성하게 된다.

손님들에게 팔기 위해서 조리 방법을 규격화하고, 레시피대로 반복 숙달 및 판매를 위한 예행 연습을 거쳐서 식당을 오픈하게 된다.

<메뉴 개발. 출처: PNGWING>

이렇게 개발된 메뉴는 맛과 식당 주인의 정성, 초심을 잃지 않는 성실함이 손님들의 욕구를 충족시키면 맛집으로 탄생을 하게 된다.

이렇게 어렵고 힘든 과정을 거쳐 탄생했음에도 불구하고 어떤 식당은 그리 오래가지 못하고 손님들의 발길이 뜸해지는 안타까운 경우도 종종 있다.

대부분 메뉴를 개발할 당시의 초심을 잃고 밀려드는 손님을 놓치지 않으려는 욕심을 내다보면, 원래 메뉴와 달라지는 뭔가가 생기게 되고, 그러면 손님들의 외면을 받게 된다.

반짝했다가 사라지는 제품이나 서비스가 아닌, 고객들의 꾸준한 사랑을 받는 좋은 제품을 만들기 위해서라면, 고객들의 욕구를 충족시킬 혁신적인 아이디어가 필요하게 된다.

<행복한 고객. 출처: PNGWING>

제2장 자료수집

1. 목표설정

혁신을 위한 자료수집 목표설정

자료수집을 하기 전에 무엇을 위한 자료수집인지를 명확히 해야 한다. 이 과정은 빌딩을 짓기 전에 그리는 조감도나 음식을 개발하기 전에 그려보는 완제품의 상상도와 같다고 볼 수 있다.

너무나 당연한 것 임에도 불구하고 실무에서 이 단계를 대충하거나 아예 무시하는 경우가 많다. 정말 놀라운 일이다.

<신메뉴 조감도. 출처: PNGWING>

제대로 된 자료를 수집하는 일은 생각만큼 간단하게 이루어지지 않는다. 어디서부터 시작해야 할지 막막함이 밀려오면서, 아주 귀찮고 짜증이 난다고 느껴지기 때문에 우리는 이 과정을 어떻게 하든지 피해 보려고 애를 쓰게 된다. 자료수집을 위해 현장으로 뛰어들기보다 '어쩌지', '어떻게 하면 힘들이지 않고 하지', '누구에게 부탁하지'와 같은 쓸데없는 생각과 공상, 조바심 등으로 시간을 낭비하는 경우가 많다.

<혼란. 출처: Pixabay>

다시 말해, 체계적인 자료수집을 위한 노력은 하지 않고, 멍하니 앉아서 영감이 '짠'하고 불쑥 튀어나오길 바라는 것은, 멋진 만찬을 위한 요리 재료는 아무것도 준비하지 않은 채 갑자기 우렁각시가 나타나서 맛있는 요리를 해주길 바라는 것과 같지 않을까?

아이디어를 생산하는 데는 과정이 필요하다.

좋은 음식을 만들기 위해 좋은 식재료가 필요한 것처럼, 좋은 아이디어를 만드는데 필요한 것은 좋은 자료이다.

그렇다면 좋은 자료는 어떤 과정을 거쳐서 어떻게 수집해야 하는지 하나씩 알아보자.

목표설정

첫째, 무엇을 만들 것인가?
둘째, 핵심 고객은 누구인가?
셋째, 가격은 어느 정도인가?
넷째, 핵심 컨셉은 무엇인가?
다섯째, 제품의 개발예산, 포장형태, 유통기한, 가공방법, 유통기한 등
여섯째, 제품의 출시 목표 일은 언제인가?

이상과 같은 내용에 더할 것이 있으면 더해서 제품 개발목표를 명확히 해야 나중에 방향을 잃지 않게 된다.

2. 자료수집

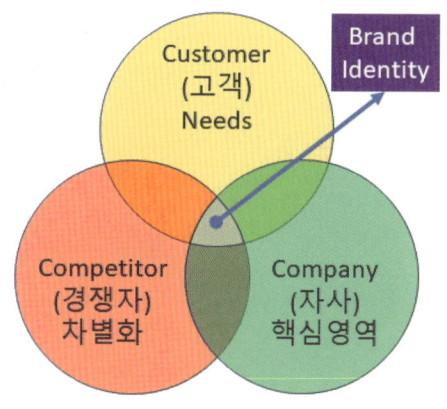

<3C: Customer, Competitor, Company>

자료수집 방법에는 많은 것들이 있겠지만 여기서는 기업경영의 미시환경 분석에 사용되는 3C분석(고객: Customer, 경쟁사: Competitors, 자사: Company)에

활용할 수 있도록 크게 3가지로 분류해서 수집하기를 권한다.

고객자료 수집

혁신제품개발 아이디어 생산을 위한 가장 일반적이면서 좋은 자료는 해당 제품을 구매할 고객과 관련된 자료다.

필자가 R&D나 기타 정부지원사업 심사를 하거나, 경영컨설팅을 하면서 중소기업 대표들에게 핵심 고객이 누구인지 아느냐고 물어보면, 속속들이 알고 있다고 자신있게 말하는데, 조금만 자세하게 물어보면 대답을 하지 못하는 경우가 허다하다.

대다수의 스타트업과 중소기업들은 그들의 핵심 고객이 누구인지, 고객은 무엇을 원하는지 알고 싶어 하지만, 실제로 시장의 자료수집을 통해 알아가는 노력은 별로 하지 않고 있다.

게으르거나 무책임해서가 아니라, 시간과 돈 그리고 방법을 몰라서 그런 경우가 대부분이다. 자료수집은 개발하고자 하는 제품에 대해서 다음의 사항들을 중심으로 조사해야 한다.

①주요 고객은 누구인가?
②고객이 바라는 표면적인 이득과 궁극적인 이득은 무엇인가?
③주요 고객의 성별과 연령대
④수용 가능한 가격대는 어느 정도인가?
⑤선호하는 디자인, 색상, 크기, 무게, 주요 기능
⑥품질에 대한 요구 사항

<고객분석. 출처: PNGWING>

⑦많이 사용하는 소셜미디어는 무엇인가?
⑧제품을 나온다면 실제로 구매할 의사가 있는지?
⑨어떤 경로(온라인, 오프라인 등)로 구매할 것인지?
⑩제품 구매 후 바라는 A/S의 정도

프랑스의 작가 기 드 모파상(Guy De Maupassant)에게 어느 선배 작가가 좋은 글을 쓰는 방법을 이렇게 설명했다고 한다. **"파리의 거리로 나가. 그리고 택시 운전사를 한 명 골라, 아마 다른 택시 운전사들과 똑같이 보이겠지. 하지만 잘 관찰해보는 거야. 자네 글에서는 한 명의 개인으로 보일 수 있을 때까지 그 사람을 묘사해보는 거야. 세상의 그 어느 택시 운전사와도 다르도록 말이야."**

제품이 성공하려면 '**제품과 제품을 사용하는 소비자를 뼈속까지 알아야 한다.**'는 평범한 말의 진짜 의미를 잘 설명한 말이다.

조사 항목을 늘이면 수집해야 할 자료의 양과 시간 및 비용이 늘어나기 때문에, 대부분의 사람들은 결과가 나오기 전에 너무 일찍 그만둔다.

비슷한 두 개의 제품이 있을 때, 소비자들은 표면적으로 나타나는 차이가 분명하지 않으면 차이가 없다고 느끼게 된다. 그래서 성공하는 제품을 만들기 위해서 차별적 요소를 찾아야 한다.

비슷해 보이는 제품들도 충분히 깊이 있게 분석하고, 혹은 멀리까지 파고들다 보면 당신이 원하는 틈새시장을 발견할 수 있게 된다. 이런 관계를 찾아내면 **'아이디어와 제품과 고객'**을 연결할 수 있게 된다.

날이 갈수록 다양해지는 고객들의 욕구를 충족시키기 위해서, 그들이 원하는 것을 알아내야만 한다. 이것이 혁신의 시작이다.

경쟁사 자료수집

경쟁사 자료수집은 시장에서 자사가 차지하고 있는 위치를 파악하여, 경쟁사들과 비교해 봄으로써, 경쟁력을 강화하는데 필요한 활동이며, 고려해야 할 주요 사항을 요약하면 다음과 같다.

경쟁사 선정: 주요 경쟁사와 잠재적 경쟁사를 구분하여 선정

제품 및 서비스 조사: 제품의 특성과 품질 및 다양성

<경쟁사 분석. 출처: PNGWING>

가격 구조: 경쟁사 제품의 가격, 할인 정책, 가격 유연성 등

시장 점유율: 각 경쟁사의 시장 점유율 및 성장률

마케팅 전략: 광고, 프로모션, 브랜딩 전략, 채널 전략

판매 및 유통 채널: 온라인 및 오프라인 유통 채널, 직접 판매 전략, 유통 파트너 등

기술 및 혁신: 기술 연구 및 개발 활동, 특허, 혁신 제품 또는 서비스 등

조직 구조 및 인력: 조직 구조, 주요 인력, 기업 문화

재무 분석: 매출, 이익, 부채, 자산 등의 재무 지표

SWOT 분석: 강점, 약점, 기회, 위협 등 전략적 위치 파악

고객 피드백 및 리뷰: 온라인 리뷰, 고객 만족도 조사 결과 등을 통해 경쟁사 제품 및 서비스에 대한 고객의 반응 조사

법적 및 규제 환경: 경쟁사가 직면한 법적 제약, 규제 문제, 특허 관련 문제 등

전략적 파트너십 및 M&A: 경쟁사의 합병 및 인수(M&A), 전략적 파트너십, 제휴 관계 등

글로벌 전략: 국제 시장에서의 경쟁사의 위치, 전략, 지역별 성과 등

자사(자기 회사) 자료수집

자사의 현재 상황을 정확하게 파악하여, 혁신을 통한 미래 전략을 세우는데 꼭 필요한 활동이다. 자사를 분석할 때 고려해야 할 주요 사항은 다음과 같다.

비전, 미션, 가치: 회사의 장기적인 비전, 단기적인 미션, 그리고 핵심 가치 확인

재무 분석: 매출, 이익, 부채, 자산, 투자수익률(ROI: Return On Investment) 등의 주요 재무 지표 수집

제품 포트폴리오: 제품의 다양성, 수익성, 시장점유율, 수명 주기 등

시장 및 고객 데이터: 대상 시장의 크기, 성장률, 시장 트렌드, 고객 세그먼트, 고객의 요구와 반응 등

SWOT 분석: 회사의 강점, 약점, 기회, 위협 등

조직 구조 및 문화: 조직의 효율성, 커뮤니케이션 흐름, 역할 및 책임, 기업 문화의 특성 등

<자사 분석. 출처: PNGWING>

인적자원: 직원의 역량, 훈련 및 개발, 인력 유지율, 주요 인력의 성과 등

내부 프로세스 및 운영: 생산, 공급체인, 마케팅, 판매, 서비스 제공 등의 주요 내부 프로세스의 효율성

기술 및 혁신: 사용 중인 기술, 연구 및 개발 활동, 혁신 제품 또는 서비스, 특허 상황 등

마케팅 및 브랜딩 전략: 광고, 프로모션, 브랜드 인식, 고객 관계 관리(CRM) 등의 마케팅 활동의 효과와 전략

법적 규제 환경: 법적 제약, 규제 문제 등

경쟁 환경: 시장에서의 자사의 위치, 경쟁사와의 상대적 강점 및 약점, 차별화 전략 등

글로벌 전략: 국제 시장에서의 위치, 국제 확장 전략, 지역별 성과 등

자사 분석을 통해 기업은 현재 상황의 장점과 약점을 파악하고, 이를 바탕으로 미래의 전략과 방향성을 결정할 수 있다. 주기적으로 자체 분석을 수행하여 변화하는 환경과 시장에 적절히 대응하고 끊임없는 혁신을 이끌어내는 것이 중요하다.

혁신적인 제품은 제품과 제품을 사용하는 소비자에 대한 '구체적인 지식'과 우리들이 살아가는 생활 환경에 대한 '일반적인 지식'을 새롭게 연결하고 조합한 결과다.

3. 기타자료

이외에도 제품 개발과 관련하여 중요한 사항은, 글로벌 경기와 금융의 흐름 및 국제정치, 수출입 동향, 국제유가, 곡물가격, 자연재해와 전쟁의 위험, 코로나19와 같은 전염병 등을 염두에 둘 필요가 있다.

<국제정세 분석. 출처: PNGWING>

국내 상황으로는 국내 소비동향, 물가, 금리, 국내정

치, 유사업종의 경기동향, 소비트랜드, 라이프스타일의 변화 등의 흐름을 파악해야 한다.

　남들과 비슷한 수준으로 자료를 수집한다면 경쟁자를 뛰어넘기가 결코 쉽지 않을 것이다.

　혁신적인 제품을 만드는 것은 빠르게 변화하는 생활환경 속에서 소비자들이 원하고 있거나 원할 만한 새로운 제품을 만드는 일이다.

　제품을 개발하는 틀 속에 새로운 제품의 자료들을 더 많이 쌓아둘수록 소비자들이 원할만한 제품을 만들어낼 가능성은 높아지게 된다.

제3장 수집한 자료 소화하기

1. 자료정리

시간과 돈을 들여서 힘들게 수집한 자료를 효율적으로 사용하기 위해서, 자료를 정리하는 노력은 필수적이다.

자료카드

손바닥 정도 크기의 줄쳐진 카드를 구입해서, 수집한 정보의 항목을 적어서 정리해두면 된다. 카드가 한 장씩 쌓여가면, 얼마 후에는 이것들을 주제별로 분류할 수 있게 될 것이다.

<자료카드. 출처: PNGWING>

이렇게 되면 자료를 체계적으로 정리할 수 있게 되면서, 무엇이 부족한지 알 수 있게 된다. 그리고 정리하는 과정을 거치면서 글로 옮기면서 검토하게 되면 당신의 머릿속에 아이디어 생산을 위해 자료를 활용할 준비가 된 셈이다.

컴퓨터 파일로 보관

자료를 일일이 카드에 옮겨 적으면 그 효과는 좋지만, 시간이 지남에 따라 자료의 양이 많아지다 보면 보관과 활용이 그리 쉽지 않다는 현실에 직면하게 된다.

우리는 살아가면서 우연히 스쳐 지나가듯 발견하는 휘발성 자료의 양은 실로 방대하다. 하지만 이것들도 잘 모아두면 모두 혁신적인 제품을 만드는 아이디어의 원료로 사용될 수 있다.

그래서 필자는 파일로 보관하는 편이다. 나중에 찾아보기 쉽도록 파일 이름을 자세하게 적는 편이다. 그렇게 해두면 파일을 일일이 열어보지 않아도 안에 있는 내용을 짐작할 수 있게 된다.

자료를 정리할 때 대형화면에 여러 개의 파일을 띄워서 정리를 하면 동시에 여러 권의 책을 한꺼번에 펼쳐놓고 보는 것과 같은 효과가 있어서 좋다.

2. 수집한 자료분석

필요한 자료를 정말 열심히 수집했다고 하더라도 자료 자체가 우리에게 해주는 것은 아무것도 없다. 그렇다면, 다음은 무엇을 해야 할까?

혁신적인 제품을 개발하기 위해 데이터를 분석하려면 체계적이고 포괄적인 접근 방식이 필요하다. 우선 전체적인 모습이 어떤지 알아보기 위해서 수집한 자료를 빠른 속도로 모두 다 읽어보길 권한다. 이때, 모든 것을 다 이해하지 못해도 상관이 없다. 그렇게 처음부터 끝까지 몇 번을 반복해서 읽다 보면, 전체적인 흐름과 윤곽이 보이기 시작하는 때가 있을 것이다.

<자료분석. 출처: PNGWING>

이때가 되면 수집한 자료를 체계적으로 정리하여야 한다. 하다 보면 충족되지 않은 고객 요구 사항이 무엇인지, 아직 발견되지 않은 시장의 잠재적인 기회, 어느 부분이 중요한지, 어느 부분의 자료를 보완해야 할지 알 수 있을 것이다.

데이터 정리

수집한 자료를 분석하기 전에 데이터가 깨끗한지, 불일치나 오류가 없는지 확인한다.

시장과 고객의 빈틈 발견

소비자의 특성이나 행동을 기반으로 고객을 그룹화하고, 고객의 요구 사항, 욕구, 불만 사항을 정리한다. 그러면 현재 시장에서 팔고 있는 제품이 고객 요구 사항을 충족하지 못하는 영역을 발견할 수 있을 것이다.

이 부분을 발견했다면, 고객의 요구 사항을 해결하기 위해, 그동안 수집한 자료를 나열해보고, 더하고, 빼고, 서로 연관이 없을 것 같은 황당한 것들마저도 연결해 보는 끊임없는 노력을 반복해야 한다.

<욕구분석. 출처: PNGWING>

3. 고객의 요구 충족을 위한 아이디어 생산

노력하면 쉽게 답이 나오는 경우도 있겠지만, 그렇지 않을때가 더 많을 것이다. 쉽게 해결될 문제라면 이미 다른 사람이 해결했을 테니까...

아이디어 생산

유창조(2009)는 '창의적인 아이디어는 하늘에서 그냥 떨어지지 않는다. 아무리 창의적인 자질이 있는 사람이라도 주어진 과제와 관련된 충분한 지식이나 정보가 없으면 창의적인 아이디어를 개발하기 힘들다'고 했다. 음식을 소화시키기 위해서 꼭꼭 씹는 것처럼 수집한 자료를 소화시킨다는 심정으로 몇 번이고 반복해서 씹어보자. 그러면 충분히 씹은 음식물이 위속으로 들어가 소화를 시작하는 것처럼 자료들은 우리의 뇌속으로 들어가 혁신 제품을 만드는 에너지를 만들기 위해서 뇌는 정보들을 처리하기 시작할 것이다.

제임스 웹 영은 '이 과정은 개발자들의 머리속에서 일어나는 일이기 때문에 구체적인 언어로 표현하는데 한계가 있지만, 그런 일은 뇌속에서 진행이 된다. 더 좋은 아이디어를 얻고자 한다면,

그동안 수집한 자료의 구석구석을 마음의 눈으로 하나하나 살펴보아야 한다.'고 했다

이거다 라고 생각되는 팩트 하나를 골라서 이리저리 돌려보고, 때론 뒤집어가면서, 새로운 의미를 부여해보자. 팩트 두 개를 골라서 그것들이 서로 어떻게 작용하는지 살펴야 한다. 그리고 퍼즐을 맞춰가듯이 맞춰보고, 제짝을 찾아가는 과정을 거쳐야 한다.

아이디어 생산의 기초

세상 모든 것은 그것을 구성하는 원리와 움직이는 방법이 있다.

혁신적인 제품을 위한 첫 번째 단계가 원리를 이해하는 것이고, 두 번째가 제품을 만들 방법을 찾는 것이다.

아이디어 생산 원리1

아이디어란? 이미 있는 것들을 새롭게 조합하는 것이다. 어떤 결합을 하느냐에 따라 창의적이면서 혁신적인

제품이 탄생하는 것이다.

스마트폰을 살펴보면, 전화기와 휴대용 컴퓨터, 무선인터넷, 디지털카메라, 녹음기, MP3, 후레쉬, 무선충전기, 전자계산기, 나침반, 네비게이션, AI, 전자사전, 신용카드, 만보기 등 셀수 없이 많은 기능이 있지만 어느것도 새로운 것이 아니라 기존에 있든 것들의 새로운 결합일 뿐이지만, 이것들이 융합해서 기존에는 할 수 없었던 것들을 해내고 있다.

<스마트폰의 기능. 출처: PNGWING>

아이디어 생산 원리2

기존에 있는 제품의 요소들과 관계성을 파악한다.

기존의 제품이나 기술의 관계성을 파악하고 조합해 새로운 제품이나 서비스를 만든 혁신적인 제품의 사례를 몇 가지 들어보자.

휴대용 충전기(Power bank): 배터리 기술과 USB 충전 기술을 결합하여 이동 중에도 다양한 기기를 충전할 수 있도록 했다.

스마트워치: 시계와 스마트 기능 (앱, 통화, 메시지, 운동량 측정 등)을 결합하여 착용 가능한 기기를 개발하였다.

<스마트워치. 출처: PNGWING>

텔레비전과 인터넷의 결합 (스마트 TV): 전통적인 TV 기능과 인터넷 스트리밍 서비스를 결합하여 다양한 컨텐츠를 시청할 수 있게 만들었다.

책과 오디오의 결합 (오디오북): 전통적인 독서 경험에 음성을 더해 이동 중이나 휴식 시간에도 책의 내용을 청취할 수 있게 만들었다.

이처럼 기존의 제품이나 기술을 조합하거나 다양한 요소를 결합하여 새로운 가치를 창출하는 혁신적인 제품을 만들 수 있다.

제4장 아이디어를 위한 휴식과 숙성

맛과 향과 색깔이 모두 좋은 와인을 빚으려면, 좋은 포도를 고르는 일부터 시작해서, 적기에 수확하고, 포도를 으깨는 과정을 거쳐 발효시키고 숙성해서, 깨끗하게 걸러 병에 담아 판매한다.

와인을 빚을 때 발효조에서 발효시키고, 숙성을 거쳐야 하는 것처럼, 수집한 자료들을 통해 혁신 제품의 아이디어로 발전시키기 위해서, 자료들을 머릿속에 몽땅 넣어두고 잠시 기다리는 것이 필요하다.

1. 휴식 (Rest)

물리적 휴식

지속적인 작업과 고민은 뇌와 몸에 피로를 주게 된다. 피로한 상태에서는 창조력이 감소하므로, 아이디어를 끌어내기 위해 충분한 휴식을 통해 몸과 마음을 회복시키는 것이 필요하다.

<휴식. 출처: PNGWING>

정신적 휴식

와인이 발효되는 과정에 사람이 할 일은 잘 관리하고 기다리는 것 말고 특별히 무슨 일을 하지 않아도 되는 것처럼, 자료들은 머릿속에서 서로 관련이 있는 것들 혹은 아무런 관련이 없어 보이는 것들과도 연결해 보고, 때론 두 가지 또는 그 이상을 녹여 하나로 융합해 보는 과정을 수없이 반복하고 또 반복한다.

이때, 우리가 할 수 있는 일은 머리가 아이디어를 생산하는데 충분히 전념할 수 있도록 두뇌에게 다른 일을 시키지 말고, 충분한 수면과 휴식을 주는 것이다.

지속적인 생각과 문제 해결 과정은 뇌에 상당한 스트레스를 준다. 어떤 골치 아픈 문제에 몰두하다 보면 머리가 지끈거리고 뜨끈뜨끈하게 열이 나는 경우가 있다. 이것은 두뇌에 과부하가 걸렸다는 뜻이다. 산책이나 명상 등으로 의식 세계의 두뇌를 쉬게 하는 것이 좋다.

2. 숙성 (Incubation)

무의식적 고민

우리가 고민하고 있는 문제를 의식의 세계에서 몰아내자. 그리고 자연스럽게 무의식의 세계로 보내서, 무의식이 창의적인 일을 수행하는 것을 돕기 위해서, 휴식과 자극을 주자.

문제나 아이디어에 대해 고민한 뒤 일부러 잠시 잊어버리는 것이 도움이 된다. 이 과정에서 무의식적으로 정보가 재구성되거나 새로운 관점에서 연결될 수 있다.

다양한 자극 받기

좋은 음악을 듣거나, 연극을 보는 것도 좋다. 영화를 좋아하는 사람이라면 영화관에 가거나, 시나 소설을 읽는 것도 좋다.

<다양한 자극. 출처: PNGWING>

제5장 느닷없이 나타난 아이디어

자료를 수집하고, 차근차근 정리하고 부족한 것은 보완하고, 문제해결을 위한 휴식의 단계를 제대로 거쳤다면, 십중팔구 느닷없이 아이디어가 짠하고 나타나는 경험을 할 수 있을 것이다.

잠자리에서 막 깨었을 때, 아침 산책을 할 때, 아침해가 떠오르는 장면을 볼 때, 샤워를 할 때, 혹은 식사를 하다가도 느닷없이 아이디어는 우리 머리 속으로 찾아온다. 이때, 아이디어를 가만히 두면 아침이슬처럼 영롱하게 나타났다가 연기처럼 사라진다.

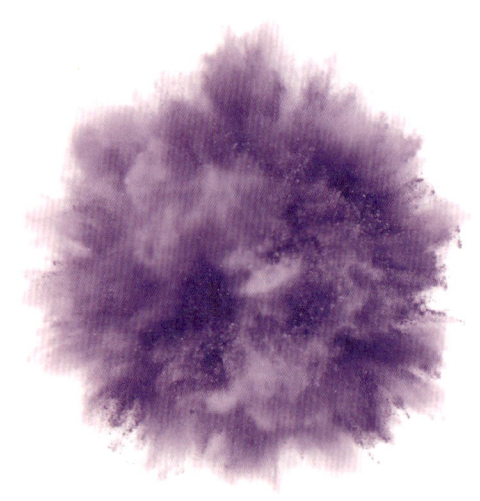

<연기. 출처: PNGWING>

이 순간을 잡아두는 방법은 메모를 하는 것이다. 노트에 메모하거나, 스마트폰 메모장에 기록하거나, 스마트폰에 녹음하는 것도 좋고, 아니면 카카오톡 나에게 보내기를 이용해 메모해도 좋다.

기다림

더 이상 어찌할 방법이 없는 순간이 오면 뭔가를 쥐어짜는 노력을 멈추고 편안한 마음으로 기다려야 한다. 맛있는 밥을 먹길 원한다면 뜸이 들 때까지 기다려야 하는 것처럼 아름다운 기다림이 필요하다.

<기다림. 출처: PNGWING>

노력의 결과

아이디어는 어느 순간 '짠'하고 나타나지만, 아무런 정보도 없고 노력도 안했는데 아이디어가 나타날 리는 없다. 누군가 뉴튼에게 묻기를 "어떻게 만유인력을 발견했나요?"라고 했을 때 뉴튼은 "끊임없이 생각했어요"라고 대답했다고 한다.

대추나무에 대추 한 알도 그냥 붉게 익을 리가 없다. 맛있는 대추가 익는 것은 햇빛, 바람, 비, 온도, 흙, 거름 이 모든 것이 한순간도 쉬지 않고 조화롭게 노력했기 때문이 아닐까?

제6장 아이디어 검증

제품을 개발하고 나서 사업화를 하기 전에, 사업화에 따른 위험을 줄이기 위하여 사업타당성 분석을 하는 것이 좋다. 타당성 검증은 크게 시장성, 기술성, 경제성으로 나누어 분석한다.

1. 시장성 분석

시장성 분석에서 고려해야 할 주요 요소들은 다음과 같다.

<시장분석. 출처: PNGWING>

시장 규모

타겟 시장의 현재 규모와 예상 성장률 분석

고객 세그먼테이션

타겟 고객의 특성과 요구 사항, 고객의 구매력과 구매 패턴, 고객의 구매 의향 및 지불 의향 등을 분석한다.

시장 트렌드 분석

현재 시장, 산업 동향, 기술적 발전 등의 사회적 트렌드를 분석해서, 이러한 추세가 고객 행동에 어떤 영향을 미치거나 새로운 기회를 열 수 있는지 판단해야 한다.

경쟁사 분석

주요 경쟁사의 제품을 조사하여 그들의 시장점유율, 강점과 약점, 가격 등을 분석하여, 서비스가 부족한 틈새시장이나 잠재적인 차별화 영역을 찾아야 한다.

<경쟁사. 출처: PNGWING>

진입 장벽

시장 진입에 필요한 투자 규모, 법적 규제와 제약사항 등의 분석하여 경쟁사와의 차별화 요소를 찾아내어 우리 회사가 시장에 안전하게 진입할 가능성을 높인다.

유통 채널

우리 회사의 유통망 현황과 특성, 유통망을 통한 시장 접근성 등을 분석한다.

리스크 요인

시장에서 예상되는 위험 요인인 경쟁 심화, 기술 변화, 규제 변화 등의 위험 요인에 대응할 방안

<리스크 관리. 출처: PNGWING>

충족되지 않은 시장의 요구

시장에서 아직 충족되지 않은 고객의 요구 사항을 분석하여 수익 창출의 기회를 포착한다.

시장성 분석을 할 때는 객관적이고 정량적인 데이터를 기반으로 분석하는 것이 중요하다. 여러 데이터 출처를 활용하고, 필요한 경우 전문가의 도움을 받아 분석의 정확성을 높일 수 있다.

2. 기술성 분석

사업타당성 분석 중 기술성 분석에서는 사업이나 제

품, 서비스에 사용될 기술의 실현 가능성, 경쟁력, 그리고 지속 가능성 등을 분석한다. 다음은 기술성 분석에서 고려해야 할 주요 요소들이다.

기술의 성숙도 (Technology Readiness Level)

연구개발 단계에서 상용화 단계까지의 기술 성숙도를 9단계로 세분하여 파악한다.

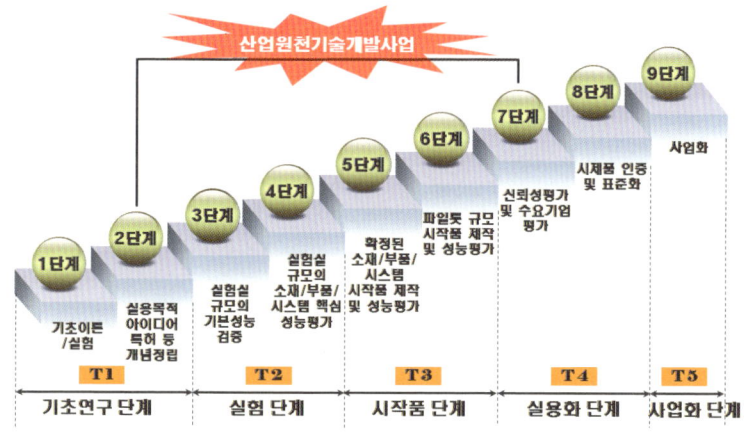

<TRL 9단계. 출처: https://khidi.or.kr/kps>

기술적 난이도와 리스크

제품화에 따르는 기술 구현의 복잡성과 문제점을 분석한다.

기술의 독창성과 차별성

개발할 제품이 기존 기술과 비교하여 얼마나 독특하고 효과적인지를 분석하고, 지식재산권 (특허, 저작권 등) 상황을 파악한다.

기술 혁신의 속도

해당 분야에서의 기술 발전 속도, 기술 수명 주기, 제품 수명 주기 등을 분석하여 제품을 개발할 가치가 충분한지 판단하는 기초자료로 삼는다.

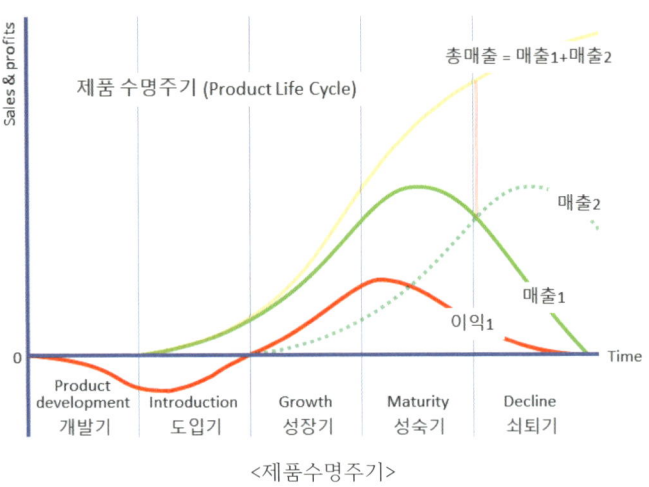

<제품수명주기>

자금과 자원 및 인력

제품 개발에 필요한 연구·개발 예산, 기술 인력, 장비, 자재 등

지속 가능성 및 확장성

개발할 제품의 지속가능성과 다른 시장이나 응용 분야로 확장 가능성 등을 분석한다.

기술성 분석은 상당한 전문성과 경험이 필요한 작업이다. 가능하다면 해당 분야의 전문가나 컨설턴트의 도움을 받아 분석을 수행하는 것이 좋다.

3. 경제성 분석

사업타당성 분석 중 경제성 분석에서는 사업이 경제적으로 성공 가능한지, 즉 투자 대비 수익이나 가치를 창출할 수 있는지 평가하는 단계이다. 경제성 분석에서 고려해야 할 주요 요소를 5가지이다.

투자 비용 (Initial Investment)

① 초기 투자가 필요한 비용: 자본 비용 (건물, 설비, 기기 등), 운영 자금, 인력 투입 비용, 기술 구매나 라이선스 비용 등
② 숨겨진 비용이나 예기치 않은 추가 비용을 포함한 전체 투자 비용의 총계를 산정

예상 수익 (Expected Revenues)

① 판매량, 판매 가격, 기타 수익원 (예: 광고 수익, 라이선싱 수익 등)을 바탕으로 한 전체 수익 예측
② 시장점유율, 고객 확보 전략, 가격정책 등을 통해 예상 수익을 정밀하게 분석

운영 비용 (Operating Costs)

① 일반적인 운영 비용: 임금, 원재료 비용, 유통 및 마케팅 비용, 유지보수 비용, 임대료 등
② 고정 비용과 변동 비용을 구분하여 산정
③ 미래의 운영 비용 변동 가능성을 고려한 분석

순 현금흐름 및 손익분기점 (Net Cash Flow & Break-even Point)

①순 현금흐름: 기간별 (예: 월별, 분기별, 연별)로 예상 수익에서 운영 비용을 차감한 값
②손익분기점: 투자한 비용을 회수하는 시점 또는 판매량을 계산. 이 지점 이후로는 사업이 이익을 창출하기 시작함

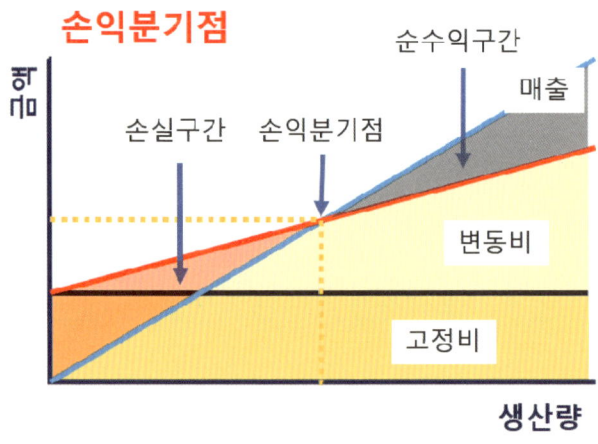

<손익분기점>

손익분기점(BEP) 매출액 = 고정비/(1-변동비/매출액)

투자수익률 및 NPV

①ROI(Return On Investment): 투자 대비 얻게 되는 수익의 비율. ROI가 높을수록 투자의 경제성이 높다고 판단한다.

ROI = 순이익 /총 투자 * 100

②NPV(Net Present Value): 미래의 현금 흐름을 현재

가치로 할인하여 합산한 값. NPV가 양수일 경우 투자가 경제적으로 타당하다고 판단한다.

NPV = 현재값 (PV) of cash inflows - 현재값 (PV) of cash outflows

NPV > 0 : 가치 있는 사업

이 외에도 리스크 요소, 투자의 회수 기간 (Payback Period), 내부 수익률 (IRR) 등을 추가적으로 고려할 수 있다. 경제성 분석은 사업의 재무적 성공 가능성을 평가하는 핵심적인 단계이므로 신중하게 진행해야 한다.

4. 주변에 내놓고 검증받기

프로토타입(Prototype) 제작

본격적인 상품화에 앞서 성능을 검증하고 개선하기 위해 핵심 기능만 넣어 제작한 기본 모델을 말하며, 시제품 또는 견본품이라고도 한다.

본격적으로 제품 생산에 들어가면 도중에 중단하거나 취소하는 것이 쉽지 않으므로 사전에 프로토타입을 제작하고 검증 과정을 거쳐 위험 부담을 최소화한다. 이를 위해 예상 고객에게 프로토타입을 사용해 보게 하고 피드백을 받아 제품 개선 시 반영하기도 하는데 이를 프로토타이핑(prototyping)이라고 한다.

기계, 자동차, 전자·전기, 컴퓨터, 항공·우주, 토목·건축 등 공학 산업과 패션, 교육, 의료 산업에서 주로 제작하고, 특히 IT 산업에서 활용도가 높다.

우리 주변에서 쉽게 볼 수 있는 모델하우스도 프로토타입의 한 종류라고 보면 된다.

<아파트 모델하우스. 출처: PNGWING>

프로토타입을 통해 제품의 기능과 디자인 및 사용자 경험 등을 테스트하게 된다. 사용자들의 피드백을 받아 제품을 개선할 수 있다. 프로토타입은 실제 제품과 똑같을 필요는 없고, 핵심 기능이나 아이디어의 가능성을 검증받는데 목적이 있다.

7장 제품화하기

프로토타입을 제작하고 검증한 후의 제품화 과정은 복잡하지만 체계적으로 수행해야 한다.

1. 피드백

피드백은 제품화 과정에서 매우 중요한 단계이다. 이 단계에서는 사용자, 전문가, 팀 멤버들로부터 수집된 피드백을 분석하여 제품의 개선 방향을 설정한다. 피드백 통합 과정은 다음과 같다.

피드백 수집

사용자, 전문가, 팀원 등 다양한 경로를 통해 피드백을 수집한다. 이에는 설문 조사, 인터뷰, 집중 토론 그룹, 사용성 테스트 등 여러 가지 방법 중에서 한가지 또는 그 이상을 사용하여 실시한다.

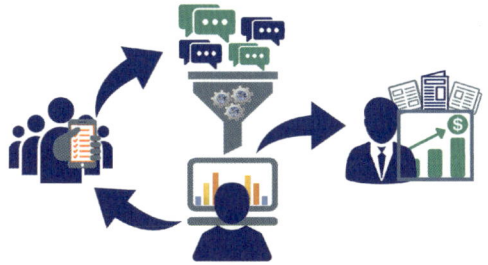

<피드백 수집. 출처: PNGWING>

피드백 분류

수집된 피드백을 카테고리나 주제별로 분류한다. 예를

들면, 사용성 문제, 기능적 문제, 디자인 문제 등으로 나눌 수 있다.

우선 순위 설정

모든 피드백을 즉시 적용하는 것은 현실적으로 어려울 수 있으므로, 중요도나 영향도에 따라 피드백에 우선순위를 매긴다.

피드백 분석 및 반영

각 피드백 항목에 대해 깊이 분석하여, 그 원인과 해결 방법, 그리고 그것이 제품에 미칠 영향을 평가하여, 제품을 개선 또는 변경한다. 이때, 자원, 시간, 비용 등의 제약사항을 고려하여야 한다.

<피드백. 출처: PNGWING>

피드백 적용 및 재검증

계획된 개선 사항을 실제로 적용하고, 변경된 제품이나 서비스에 대해 재검증을 진행한다. 이를 통해 적용된 피드백이 제대로 동작하는지, 그리고 추가적인 문제점이 없는지 확인한다.

피드백 루프 지속

제품화 과정 동안 계속해서 피드백을 수집하고 적용하는 것은 제품의 품질을 향상시키고 사용자 만족도를 높이는 데 중요하므로 이 과정을 지속적으로 반복한다.

피드백은 사용자의 입장에서 제품을 바라보고, 제품의 문제점을 파악하고 개선하는 중요한 수단이다. 피드백을 바탕으로 제품의 기능, 디자인, 사용성 등을 수정하거나 개선한다.

자세한 기술 사양서 작성

제품의 모든 기능, 구성 요소, 디자인, 인터페이스 등에 대한 상세한 기술 사양서를 작성한다. 이 문서는 개발팀이 제품을 개발한 후 제품을 만드는데 필요한 자료로 사용된다.

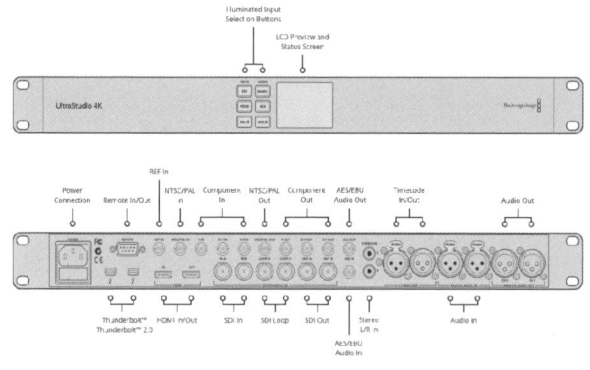

<기술사양서. 출처: PNGWING>

제조 파트너 및 공급 업체 선택

제품화를 위한 제조 파트너나 필요한 부품의 공급 업체를 선택한다. 이때, 가격, 품질, 납기 등의 조건을 고려하여 선택한다.

제품 개발 및 최종 디자인

초기 프로토타입과는 달리, 최종 제품은 품질, 안정성, 대량 생산 가능성 등을 고려하여 디자인한다. 필요한 경우, 여러 차례의 개선과 수정 과정을 거쳐야 좋은 제품이 탄생한다.

제품 테스트

최종 제품을 다양한 환경과 조건에서 테스트하여 품질과 성능을 검증해야 한다. 주요 항목은 기능 테스트, 내구성 테스트, 안전 테스트 등이며, 이외에도 제품의 특성에 따라 다양한 테스트를 진행하기도 한다.

<자동차 충돌 시험. 출처: PNGWING>

2. 생산 준비

대량 생산을 위한 준비 과정으로, 제조 장비의 셋업, 부품의 주문, 생산라인의 구축, 생산인력 모집 및 생산에 필요한 제반사항 교육 등이 이루어진다.

생산 계획 수립

예상 판매량, 생산 능력, 재고 관리 전략을 기반으로 한 연간/분기별 생산 계획을 수립한다.

부품 및 원재료 주문

필요한 부품과 원재료의 목록을 확인하고, 공급 업체에 주문한다. 이때, 납품 기한, 가격, 품질 등을 고려하여 주문량을 결정하게 된다.

<생산라인 셋업. 출처: PNGWING>

제조 장비 셋업

제품 생산에 필요한 기계와 장비의 설치, 유지보수 및 튜닝 작업을 수행한다.

작업 지시 및 훈련

생산라인의 작업자들에게 제품의 생산 방법과 품질 표준에 대한 지시와 훈련을 한다.

품질 관리 시스템 구축

생산 과정에서의 품질관리 방법을 설정하고, 불량률을 최소화하기 위한 시스템을 구축한다.

3. 대량 생산

제품화 준비가 완료되면 실제로 제품을 대량으로 생산하기 시작합니다.

생산 시작

준비된 장비와 원재료, 작업 지시를 바탕으로 실제 제품 생산을 시작한다.

품질관리

생산 과정에서 지속적으로 제품의 품질을 검사하고, 표준에 부합하지 않는 제품은 분리하여 재처리 또는 폐기하고, 불량의 원인을 분석하여 생산공정에 반영한다.

재고 관리

생산된 제품을 적절하게 저장하고 관리하여, 주문에 따라 즉시 출하할 수 있도록 하여야 하는데, 우리 회사의 생산 능력과 자금력, 매출실적 등을 고려하여 적정재고를 유지하기 위해 노력한다.

물류 및 배송

생산된 제품을 고객이나 유통 채널로 안전하게 전달하기 위한 물류 및 배송 과정을 관리한다.

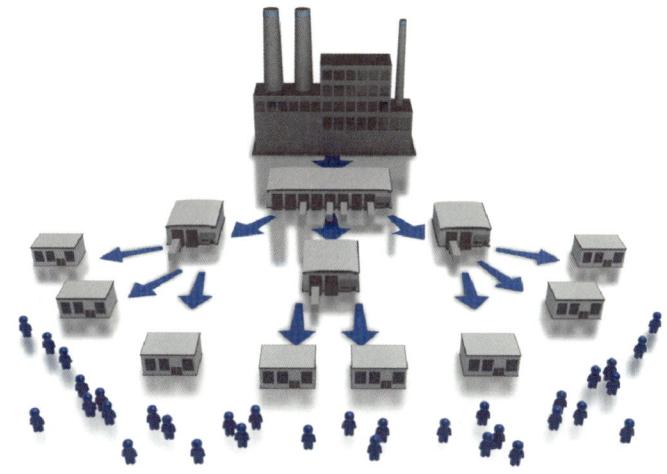

<물류 및 배송. 출처: PNGWING>

피드백 및 반응 모니터링

시장에서의 제품 반응을 지속적으로 모니터링하고, 발생할 수 있는 문제나 불만을 신속하게 처리한다. 이러한 생산 준비 및 대량 생산 과정은 제품의 품질, 비용, 공급 체인 관리 등 다양한 요소를 고려하여 체계적으로 진행되어야 한다.

출시 및 마케팅

생산된 제품을 시장에 출시하고, 타겟 고객들에게 알리기 위한 다양한 마케팅 활동을 진행합니다.

<마케팅. 출처: PNGWING>

후속 피드백 및 지속적 개선

제품이 시장에 출시된 후, 계속해서 고객들의 피드백을 수집하고, 필요한 경우 제품의 개선을 계속 진행한다. 이렇게 제품화 과정은 아이디어의 초기 단계에서 최종 제품의 출시 및 지속적 개선에 이르기까지 여러 단계를 고려하여야 한다.

II부 생각의 전환

제8장 환경의 변화

1. 기술의 변화

2022년 11월, ChatGPT는 공개됨과 동시에 세계적으로 큰 반향을 일으켰다. 인터넷의 발전과 함께 획기적인 검색엔진들이 등장하면서 우리는 몇 가지 규칙성만 안다면 손쉽게 정보를 획득하고 배포할 수 있는 환경에서 살고 있었다.

마치 수 만권의 책을 줄줄이 외우고 있는 사서가 내 책상 혹은 주머니에 항시 대기하고 있다가 내가 원하는 책을 즉시 눈앞으로 가져다주는 느낌이다.

<ChatGPT. 출처: openai.com>

덕분에 자료 탐색시간은 획기적으로 줄어들었지만, 여전히 추천해주는 자료들을 내가 직접 검토하고 확인하는 과정을 거쳐야 한다.

이에 개발자들은 더 편리한 서비스를 제공해줄 새로운

사서를 눈앞에 데려다 놓았다. 내가 원하는 '자료'가 아니라, 내가 원하는 '해답'을 제시해주는 노련한 사서를 말이다. 하지만 정보탐색에 환경에 새로운 줄을 긋고 있는 이 대단한 프로그램도 사실 attention이라는 작은 아이디어에서 시작된다.

당신이 만약 책 한 권을 가지고 기계와 같은 방식으로 일을 처리해야 하는 상황에서 놓였을 때, 105페이지에 있는 내용을 알기 위해서는 105페이지를 찾는 것이 아니라, 1페이지부터 105페이지까지 모든 내용을 탐색해야 할 것이다.

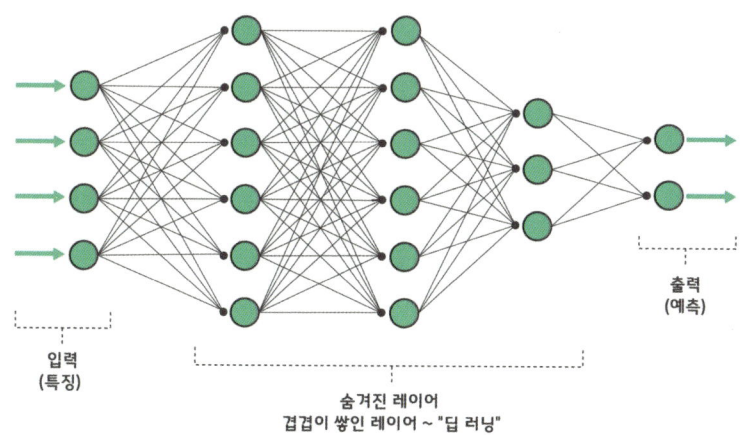

<마케팅. 출처: freshworks.com>

이러한 불필요한 과정을 없애기 위해 '인간처럼 해당 단어에만 집중해서 해석을 도출하자'라는 생각에서 만들어진 것이 attention 메커니즘이고, 이 아이디어가 ChatGPT를 탄생시킨 transformer 알고리즘의 기본이다.

이처럼 세상을 들썩거릴 알고리즘을 짜고, 획기적인 제품을 디자인하고 광고하며, 세계적인 기업을 경영하는 데 필요한 전략을 짜는 등 다양한 분야의 문제를 해결하는 것의 시작은 아이디어를 떠올리는 것이다.

　우리는 살아가면서 다양한 사건을 마주하며, 그에 따른 문제를 겪게 된다. 그것이 앞서 말한 세상을 바꾸고, 기업을 이끌어갈 거대한 문제일 수도 있고, 당장 오늘 저녁을 어떻게 해결할지에 대한 문제일 수도 있다.

　사람이 살아가는 동안 마주하는 수만, 수억 가지의 문제를 모두 피하기란 불가능하다는 것을 알고 있다면, 우리는 한 가지 사실을 명심해야 한다. 아이디어를 떠올리고, 그것을 문제를 해결할 단서로, 인생을 원하는 방향으로 이끌어갈 원동력으로 삼아야 한다.

2. 조직 속에서 자신의 아이디어 끌어내기

　아이디어는 표현하지 않는다면 결국 '죽은 생각'과 다름없다. 전문가들은 항상 동료들에게 아이디어를 표현하고 공유할 것을 강조한다.

　이 사실에는 이견이 없지만, 우리는 그 과정에서 한가지 또 다른 사실을 유의해야 한다. '표현'은 우리의 생각을 의식화하여 밖으로 표출하는 행동이며, 생각을 정리하는 마지막 단계에서 발생한다.

　바꾸어 설명하면, 생각을 '표현'하는 순간 우리의 뇌는 무의식적으로 해당 아이디어가 이미 정리된 생각이라고 판단하게 만들 수 있다는 것이다. 즉, 표현을 신중하게 하지 않는다면, 우리는 충분히 발전할 수 있는 아이디어를 새싹 수준에서 잘라 수확하는 것과 다르지 않다.

따라서 말로 표현하기 전에 한 번 더 듣고, 생각하는 습관을 들여야 한다. 이것이 첫 번째 아이디어 테크닉이다.

<경청. 출처: PNGWING>

타인의 의견과 내면의 생각에 귀 기울여 충분히 아이디어에 대해 생각했다면, 그제야 당신은 표현할 준비가 된 것이다.

우리가 잠시 입을 닫고 귀를 기울이며, 생각할 시간을 갖는 것은 자신의 아이디어를 충분히 숙성시키고 보완하는 과정을 통해 자신의 목소리를 제대로 내기 위함이다. **여기서 말하는 목소리는 대화의 기술이 아닌 본인의 생각에 대한 확신이다.**

이 과정을 정리해 보면,

첫째, 타인의 의견과 내면의 소리를 충분히 경청한다.

둘째, 충분한 숙고를 통해 이를 자신만의 아이디어로 만들어 크게 목소리 낼 줄 알아야 한다. 본인이 어떠한 일을 구상할 때 다른 사람의 목소리에 지나치게 신경 쓴다면, 본인의 생각이 아닌 그 사람의 아이디어를 벗어나지 못하고 스스로 족쇄를 차는 꼴이 된다.

<자기목소리. 출처: PNGWING>

셋째, 자신의 목소리를 강화했다면, 다음으로 끊임없이 대화하고 부딪히는 과정이 필요하다. 좋은 칼에는 많은 제련 과정이 필요하듯이, 문제를 단칼에 해결할 좋은 아이디어가 탄생하기 위해서는 수많은 부딪힘이 필요하다.

아이디어를 발상하는 과정에서 이전과는 다른 새로운 것을 얻기 위해서는 마찰과 긴장이 필요하며, 이 과정은 타인과 대립하는 행위임과 동시에 자기 자신과의 대립이기도 하다.

충분한 대립 뒤에는 한 발짝 물러서서 자신만의 시간을 가질 필요가 있다. 앞서 언급했듯이 아이디어를 다듬는 과정은 타인과의 대립뿐만 아니라 자기 자신과의 대립도 필요하다. 스스로에게 끊임없이 물음을 던지는 과정을 통해 우리는 어지러이 널려 있는 생각들을 한 점에 모으고, 우리의 목표가 무엇이며, 어디로 나아가야 할지 해답을 얻을 수 있다.

3. 무의식과 아이디어

아이디어의 발상 가능성이 우리의 인식 너머에도 있을 수 있음을 알아야 한다는 것이다. 대중적으로 알려져있지 못하는, 다른 사람들이 생각하기 힘든 아이디어의 발견을 위해서는 다른 사람들이 보지 못하는 인식 너머를 살펴보아야 한다.

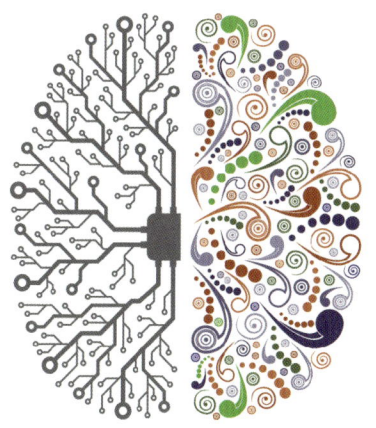

<의식과 무의식. 출처: PNGWING>

이게 무슨 뜬구름 잡는 소리냐고 할 수 있지만, 찬찬히 한가지 일화를 살펴보자. 우리가 아는 유레카의 일화는 번뜩이는 아이디어를 통해 새로운 발견을 하고, 이를 통해 문제를 해결한 것으로 널리 알려져 있다.

하지만 그것은 단지 결과론적인 이야기일 뿐이다. 그

과정을 자세히 살펴보면 끊임없이 지식을 해체하고 재조립하는 과정을 통해 본인이 정확히 인지하고 있는 지식의 영역뿐만 아니라, 무의식적으로 알고 있는 인식 너머의 영역에 자극을 주는 행위를 통해 아이디어를 도출한 것이다.

  이야기를 좀 더 자세히 들여다보자. 부피라는 개념을 모르는 사람이 물이 가득 찬 욕조에 들어가서 물이 넘치는 것을 본다면 나중에 청소하기 귀찮다고 생각할 뿐, 그것이 왕관이 진짜 순금인지 알 수 있는 실마리라는 것을 알기는커녕 둘을 연결시키는 것조차 불가능할 것이다.

  하지만 아르키메데스는 부피에 대한 지식을 이미 갖고 있었기 때문에 넘쳐흐른 물과 왕관 사이의 연결고리를 얻을 수 있었고, 유레카라고 외친 순간은 인식 너머에 있는 것들을 인식의 영역으로 떠오른 순간이다. 아이디어는 이러한 모든 순간과 과정이 모여 탄생하는 것이다.

제9장 아이디어 발상법들

1부에서 혁신적인 제품 아이디어를 끌어내는 체계적인 방법과 검증 및 제품화 과정을 살펴보았다. 필자는 이 방법을 말하는데 혼신의 힘을 다했지만, 안타깝게도 이 방법이 모든 사람에게 잘 맞을 수는 없을 것이다.

그래서 일반적으로 학교나 기업, 조직 등에서 아이디어 발상법으로 사용하는 알려진 방법들을 몇가지 간추려서 소개한다. 자기에게 잘 맞는 방법을 골라 사용하길 바란다.

팀에게 적합한 아이디어 발상법

1. 브레인스토밍

문제에 대한 대안적인 해결안이나 개선을 위한 기회 찾을 때 사용 한다.

어느 한쪽의 생각에 국한되는 것이 아닌 연관성이 있는 모든 사항을 고려한다는 점에서 집단으로 문제를 탐구할 때의 장점을 살리고 아이디어의 연쇄반응 일으켜 자유분방한 아이디어 도출해내는 기법이다.

이때 제시되는 아이디어의 가치는 평가하지 않고 최대한 많은 아이디어를 생성하는 데 초점을 둔다.

방법

6~12명의 구성원으로 그룹을 만들고 그중에서 리더와 기록원을 선발한다. 회의 시작 전, 리더가 해결해야 할

문제를 정의한다.

  그룹원들은 제시된 문제에 대한 해결안을 자유롭게 최대한 많이 제시한다. 이때 아이디어에 대한 비판은 금지되며, 문제와 아이디어 간의 결합을 개선하는 데 초점을 둔다.

  기록원은 제시된 모든 아이디어를 기록한다. 아이디어가 충분히 산출되었다면 휴식을 가진 후, 아이디어 평가를 진행한다.

<팀 브레인스토밍. 출처: PNGWING>

2. Osbone 자문법

  브레인스토밍 기법의 창시자 오스본이 제시한 기법으로 아이디어 도출에 도움을 주기 위한 질문 75가지를 이용해서 자문 형식으로 아이디어를 창출해낸다. 질문 내용은 다음과 같다.

그것을 그만두면 어떻게 될까? → 배제
그것을 반대로 하면 어떻게 될까? → 정과 반
그것은 이상(異常)인가? 항시 일어나는가? → 정상과 예외
바뀌는 것만 예외 처리하면? → 정수와 변수
크게 하면, 작게 하면? → 확대와 축소
그것을 결합하면, 그것을 나누면 → 결합과 분리
모아 보면, 분할해 보면? → 집약과 분산
덧붙여 보면, 몇 개로 나누면? → 첨가와 삭제
새로 조립하면? → 순서의 교체
다른 점을 살펴보면? → 공통과 차이
다른 것으로 사용할 수 있는가, 바꾸면? → 충족과 대체
동시에 하면, 순서대로 하면? → 평행과 직렬

3. 노트 수집법

　노트에 아이디어를 수집해 각 개인의 잠재된 사고와 통찰력을 불러내는데 적용하는 기법이다. 도출된 개개인의 창조성이 전체의 커다란 문제 해결을 위해 확장되면서 아이디어를 창출한다.

　다양한 참가자가 일정 기간 동안 각자의 노트에 아이디어를 적으면서 하나의 문제와 주제에 대해 충분한 준비와 검토를 진행한 후 아이디어를 공유하는 과정을 거친다. 대체로 신제품 개발 프로젝트 등 다양한 문제와 주제에 활용할 수 있다.

방법

　5명에서 6명 정도의 구성원으로 그룹을 만들고 그중 한 명의 리더를 선발한다. 주제를 선정하고 각자의 노트에 아이디어를 기입한 후 일정 기간이 지나면 리더가 노트를 수집해 읽고 요약 및 정리해서 참가자에게 요약본을 분배한다.

　요약본을 바탕으로 참가자 전원 토론에 참여하는 과정을 통해 새로운 아이디어를 도출하게 된다.

<노트 수집. 출처: PNGWING>

4. NBS법

　NHK(일본방송협회)에서 고안한 방법으로 NHK식 자유토론법이라고도 하며 사무적, 실무적 문제 해결을 위한 연수용 기법이다.

방법

회의 시작 전에 제시된 주제에 대해 참가자들은 각자의 아이디어가 적힌 카드를 지참한다.

이때 카드 한 장당 한 건의 아이디어를 적고, 1인당 5장 이상의 카드를 지참해야 한다. 회의를 진행할 때는 한 테이블에 5명에서 8명의 참가자가 함께하며 테이블 위에 각자의 카드를 내고 순서대로 각자의 아이디어에 관해 설명한다.

다른 사람의 발표를 듣고 새로운 아이디어가 발생한다면 예비 카드에 적어둔다. 참가자 전원의 발표가 끝나면 내용이 비슷한 카드끼리 모아서 표제를 붙이고, 분류한 카드는 표제를 앞에 붙여 횡렬로 정리한다. 사회자는 분류한 표제를 확인한 후, 중요도를 결정한다.

5. CBS 법

'카드를 이용한 브레인스토밍'이라는 의미로 가능한 한 참여하는 모든 사람의 아이디어를 카드에 기입해서 제출하는 기법으로 브레인스토밍 숙련자에게 적합한 기법이다.

방법

3명에서 8명의 구성원이 명찰 카드를 각자 50매 정도 보유하며 200매 정도의 명찰 카드를 펼칠 수 있는 책상을 중심으로 앉아서 진행한다.

전체 진행 시간의 1/6 동안 각자 브레인스토밍을 하며 한 카드에 한 아이디어씩 기입한 후, 오른쪽 방향으로 한 사람당 한 카드씩 읽으면서 발표를 진행한다. 다른 구성원은 발표자의 내용을 듣고 질문이 생기면 바로 질문을 하고 도중에 아이디어가 생긴다면 바로 자기 카드에 기입한다.

6. 연꽃 만개법(Lotus Blossom)

일본의 Yasho Matsumura가 개발한 기법으로 일본판 브레인스토밍 기법 혹은 마인드매핑 기법이다.

활짝 핀 연꽃 모양으로 아이디어를 발상해 나간다고 해서 붙여진 이름으로 불교의 만다라(mandala)와 형태가 유사해 '만다라트' 기법이라고도 불린다.

	세부목표1			세부목표2			세부목표3	
			세부목표1	세부목표2	세부목표3			
	세부목표4		세부목표4	최종 목표	세부목표5		세부목표5	
			세부목표6	세부목표7	세부목표8			
	세부목표6			세부목표7			세부목표8	

<연꽃 만개법. 출처: https://bright-m.tistory.com/66>

연꽃 만개법은 하나의 주제에 대해 하위주제를 설정하고 아이디어를 확산하는 방식으로 진행된다. 기존의 기술과 제품을 응용하는 새로운 방법을 찾거나 다양한 측면에서 아이디어와 문제 해결 대안을 찾을 때 활용할 수

있다.

연꽃 만개법은 3×3으로 된 사각형을 가로 3개, 세로 9개 배치해서 총 9개의 사각형이 그려진 종이에서 시작한다. 도표 중앙에는 문제나 중심 주제를 적고 각 참가자는 중심에 적혀있는 말에 관한 8개의 하위 주제(관련된 아이디어, 응용 방법, 해결안 등)를 생각해내어 중심 주변에 적는다.

중앙에 있는 사각형 주변에 이웃한 8개의 사각형의 중심에 하위주제 8개를 옮겨 적고 각각의 하위주제에 대한 8개의 아이디어를 하위주제 주변에 적어서 칸을 채운다.

총 64개의 아이디어가 창출되고, 그중 주제별로 최선의 아이디어를 조합해서 궁극적인 문제 해결을 위한 아이디어를 얻을 수 있다.

7. 명목집단기법(Nominal Group Technique)

참가자들이 항목이나 문제 선택, 의사결정 프로세스에서 동등한 목소리를 내도록 할 때 사용하는 기법으로 구조가 상당히 잘 잡혀있고 적극적으로 참여가 이루어지는 팀 회의에서 합의하는데 주로 사용된다.

공개 토의가 곤란한 주제에 대한 아이디어를 도출해내거나 토의에 대한 결론에 도달하는 과정에서 팀 구성원이 동등하게 참여하고 의견대립이 생기지 않도록 하기 위해 사용된다.

방법

아이디어를 플립 차트에 기록할 그룹 리더를 선정하고

리더는 구성원에게 아이디어를 제안할 것을 요청한다.

이 단계에서 토의나 평가는 진행하지 않고 아이디어는 모두에게 공개된다. 최대한 많은 아이디어가 제시될 때까지 반복하며 구성원이 이해하지 못한 제안이 있으면 명확하게 설명한다.

아이디어 제안 단계가 끝났다면 구성원에게 각자가 중요하게 생각하는 아이디어 5개를 순서대로 한 장의 종이에 적고, 1점부터 5점까지 점수를 매기도록 한다.

리더는 부여된 점수를 플립 차트상의 아이디어 옆에 기록하고, 점수를 합산하여 결과를 발표한다.

점수라는 객관적인 수치로 결과가 나타나기 때문에 명확하게 아이디어의 가치를 알 수 있지만 매우 민감한 사안이 될 수 있는 만큼 중립적인 회의 진행자(리더)가 필요하다.

개인에게 적합한 아이디어 발상법

1. 묵상법

눈을 감고 말없이 마음속으로 생각한다는 의미로, 신체와 정신이 가장 편안하고 조용한 곳에서 자유롭게 상상하며 생각을 전개하는 기법이다.

묵상법은 개인의 내면적인 성장과 영적인 깨달음을 추구하는 방법이다. 종교나 문화에 따라 다양한 묵상법이 있지만, 그 기본적인 목적은 마음을 평온하게 하고, 현재 순간에 집중하며, 내면의 평화와 균형을 찾는 것이다.

집중 묵상

특정 사물, 소리, 생각 또는 호흡에 집중함으로써 마음의 산만함을 줄이는 방법이다.(예: 호흡묵상, 말씀묵상, 초점묵상 등)

<묵상법. 출처: PNGWING>

조용한 묵상

내면의 감정, 생각, 감각에 대한 인식을 높이는 것을 목표로 한다.

운동 중 묵상

육체적인 움직임과 연계하여 마음을 평온하게 하는 방법.(예: 요가, 태권도, 걷기 묵상 등)

가이드 묵상

지도자나 녹음된 목소리를 따라가며 특정 시나리오나 상황을 상상하는 방법이다. 종종 특정 목표(스트레스 감소, 치유, 긍정적 마인드셋 생성 등)를 위해 사용된다.

묵상의 이점

정신적 평온과 마음의 평화
스트레스, 불안, 우울증 감소
집중력 향상
감정의 인식과 균형
자기 인식 향상
삶의 질 향상 등

묵상은 오랜 기간 동안 다양한 문화와 전통에서 수행되어 왔다. 그것은 단순한 휴식 기법이나 스트레스 관리 도구를 넘어서, 인간의 삶과 정신에 깊은 통찰력과 변화를 가져다 줄 수 있는 방법이다.

2. 독서법

전문 서적 독서, 일반서적 독서, 강제 연관 독서를 통해 아이디어를 도출하는 기법이다.

아이디어 발상을 위한 독서법은 지식의 확장과 창의력 촉진한다. 다양한 책을 통해 새로운 아이디어나 관점을 얻을 수 있으며, 이러한 정보와 지식을 기반으로 독창적인 생각이나 솔루션을 도출할 수 있다.

다양한 장르 탐험

하나의 주제나 장르에 국한되지 않고 다양한 분야의 책을 읽어보면, 이를 통해 여러 관점에서 문제를 바라볼 수 있게 된다.

<독서법. 출처: PNGWING>

주석 작성

읽으면서 떠오르는 생각이나 아이디어, 물음표를 책의 여백이나 노트에 적어보면 나중에 그 생각을 다시 회상하거나 확장하는 데 도움이 된다.

토의하기

읽은 책의 내용이나 테마에 대해 다른 사람들과 토의해보면, 다른 사람의 관점을 듣는 것은 새로운 아이디어나 통찰을 얻는 데 도움이 된다.

서평 및 요약

읽은 책의 내용을 짧게 요약하거나 서평을 작성해보고, 이를 통해 중요한 포인트나 핵심 아이디어를 명확히 파악할 수 있다.

연관성 탐색

읽은 내용과 자신이 현재 직면한 문제나 프로젝트와의 연관성을 찾아보고, 어떻게 그 지식을 현재 상황에 적용할 수 있을지 고민해보는 과정에서 새로운 아이디어가 나올 수 있다.

독서 클럽 참여

독서 클럽이나 그룹에 참여하여 다양한 책을 추천받고, 그에 대한 토론을 통해 다양한 관점과 아이디어를 얻을 수 있다.

지속적인 독서 습관

일정한 시간을 정해 매일 또는 주간으로 독서의 시간을 가지는 것이 중요하며, 지속적인 독서는 지식의 폭을 넓혀주며, 다양한 아이디어를 얻을 수 있는 길로 안내한다.

독서는 단순한 지식의 습득을 넘어, 창의적인 생각을 촉진시키는 중요한 도구이다. 지속적인 독서 습관을 통해 넓은 지평과 다양한 아이디어를 탐색할 수 있다.

3. 산책법

산책을 통해 아이디어를 도출하는 기법이며, 아이디어

발상을 위한 간단하면서도 효과적인 방법 중 하나다. 자연 환경이나 다양한 환경을 걸으며 머릿속의 생각을 정리하고 새로운 창의력을 얻는 방법이다. 산책법을 요약해보면,

환경 변화

일상의 고정된 환경에서 벗어나 다양한 장소에서 산책을 하면 새로운 자극과 경험을 얻을 수 있다.

<산책. 출처: PNGWING>

자연과의 교감

자연 환경에서의 산책은 마음의 평온과 정리를 도와주며, 자연에서 얻는 여러 자극은 창의적 아이디어를 촉진시킨다.

생각의 흐름

산책 중에 떠오르는 생각이나 아이디어를 메모하거나 기록하여 나중에 참고하면 유용하다.

의미있는 연결

산책하는 환경과 관련된 물체, 사람, 상황 등을 관찰하고 이를 현재의 문제나 주제와 연관시켜 보는 연습을 하면 유용한 결론을 도출할 수 있다.

정신적 휴식

산책은 머릿속의 혼란과 스트레스를 줄이고 마음을 리셋하는 휴식의 시간이기도 하다. 산책은 단순한 활동처럼 보이지만, 이를 통해 무의식적인 생각의 흐름을 촉진시키고 창의적인 아이디어를 불러일으킬 수 있다.

또한, 아이디어 창출을 위해 자료수집과 분석을 통해 지친 의식의 세계를 쉬게 하고, 무의식의 세계를 일깨워 창의적인 아이디어가 나올 가능성이 높아진다.

4. 탁상법

탁상에서 의식적으로 정신을 집중하고 연구를 진행하는 패턴을 통해 아이디어를 도출하는 기법이다.

탁상법(Desk Research)은 기존에 존재하는 자료와 정보를 조사하고 분석하는 방법으로, 아이디어 발상이나 초기 연구 단계에서 특히 유용하게 사용되며, 탁상법을 요약하면 아래와 같다.

자료 수집

공개된 보고서, 학술 논문, 시장 연구, 통계, 기사, 책 등의 기존 문헌과 데이터를 조사한다.

비용 효과

현장 조사나 실험 없이 비교적 저렴한 비용으로 다량의 정보를 얻을 수 있다.

<탁상법. 출처: PNGWING>

기존 연구 활용

과거의 연구나 분석 결과를 활용하여 현재의 문제나 주제에 대한 깊은 통찰력을 얻을 수 있다.

시간 절약

다양한 소스에서 즉시 사용 가능한 정보를 얻을 수 있기 때문에, 짧은 시간 안에 많은 자료를 모을 수 있다.

폭넓은 정보

다양한 산업, 지역, 연구 주제 등에 대한 정보를 쉽게 접근할 수 있지만, 탁상법의 한계도 인식해야 한다. 최신 정보나 특정한 상황에 대한 구체적인 자료가 부족할 수 있기 때문에, 다른 연구 방법과 결합하여 사용하는 것이 좋다.

5. 침상법

수면 상태에서 잠재의식을 끌어내 아이디어를 도출하는 기법이다. 침상법은 고대 중국의 전략가나 철학자들이 사용했던 아이디어 발상법 중 하나로, '침상'은 '베개'를 의미한다.

이 방법은 복잡한 문제나 주제에 대해 깊이 생각하고 고민한 후, 잠시 휴식을 취하거나 잠을 자면서 무의식적인 두뇌의 활동을 통해 해답이나 아이디어를 도출하는 것을 의미하는데, 침상법을 요약하면 다음과 같다.

<침상법. 출처: PNGWING>

집중적 고민

특정 주제나 문제에 대해 깊이 있게 생각하고 고민할 때 사용한다.

휴식의 시간

고민한 후에는 잠시 휴식을 취하거나 짧은 잠을 자는 시간을 갖는다.

무의식의 힘

두뇌의 무의식적인 영역에서 문제를 계속적으로 처리하게 되며, 종종 잠에서 깨어난 후 새로운 아이디어나 해답을 얻게 된다.

기록의 중요성

잠에서 깨어나면 바로 생각이나 아이디어를 기록한다. 종종 잠자리에서 떠오른 아이디어는 금방 잊혀질 수 있기 때문에 즉시 기록하는 것이 중요하다.

일상적 활용

이 방법은 특별한 도구나 준비 없이 일상에서 쉽게 활용할 수 있다.

침상법은 문제 해결이나 창의적 아이디어 발상에 있어 무의식의 힘을 활용하는 방법론 중 하나이다. 단순하면서도 때로는 놀라운 통찰력을 제공할 수도 있다.

6. 단어법

발상 효과가 좋은 일정한 단어 리스트를 임의 설치해 놓고 단어를 체크해 가면서 연구하는 기법이다.

단어법은 다양한 키워드를 활용하여 새로운 아이디어나 관점을 발굴하는 방법이다. 아이디어 발상 과정에서 무작위 단어나 관련 키워드를 조합하여 다양한 방향의 생각을 유도하는데 초점을 두는데, 단어법을 요약하면 다음과 같다.

<단어법. 출처: PNGWING>

단어 리스트 작성

주제나 목적과 관련된 단어 또는 완전히 무관한 단어들을 리스트업한다.

무작위 조합

리스트에서 단어들을 무작위로 선택하여 조합하고, 이때 발생하는 조합들은 새로운 아이디어나 관점을 제안할 수 있다.

새로운 연결 창출

각각의 단어와 현재의 주제나 문제 상황 간의 연결점을 찾아보며, 그 연결을 통해 새로운 아이디어를 발굴한다.

반복과 확장

다양한 단어 조합을 반복하며 아이디어를 확장하고 다양화시킨다.

실제 적용

단어 조합을 통해 발견된 아이디어나 통찰을 실제 문제나 프로젝트에 어떻게 적용할 수 있는지 고민한다.

단어법은 무의식적인 두뇌의 패턴에서 벗어나 다양한 방향으로 생각을 확장시키는 데 도움을 준다. 간단한 방법임에도 불구하고, 때로는 예상치 못한 창의적인 아이디어를 발견할 수도 있다.

7. 여행법

여행을 통해 휴식하며 아이디어를 도출하는 기법으로, 새로운 환경과 경험을 통해 아이디어나 창의력을 촉진하는 방법이다. 여행은 새로운 문화, 사람, 환경을 경험하면서 평소와 다른 관점으로 사물을 바라보게 되어 아이디어 발전에 크게 도움을 주는데, 요약하면 다음과 같다.

새로운 환경

평소와 다른 환경은 두뇌에 새로운 자극을 제공하며, 그로 인해 다양한 아이디어가 생겨날 수 있다.

<여행. 출처: PNGWING>

문화와의 만남

다른 문화와의 교류는 새로운 관점, 가치, 생각 방식을 체험하게 해준다.

사람들과의 교류

여행지에서 만나는 사람들과의 대화는 새로운 정보와 경험을 얻게 해주며, 그로 인해 새로운 아이디어를 발견할 수 있다.

일상에서의 벗어남

일상의 루틴에서 벗어나는 것 자체가 창의력을 촉진시킨다. 일상의 스트레스나 제약에서 벗어나 자유롭게 생각할 수 있는 환경이 마련된다.

기록의 중요성

여행 중 느끼거나 생각하는 것들, 특히 떠오르는 아이디어나 통찰을 바로 기록해두면 나중에 참고할 때 큰 도움이 된다.

여행법을 활용하면 눈에 보이는 환경뿐만 아니라, 느끼는 감정, 사람들과의 인터랙션, 새로운 경험 등 다양한 요소를 통해 아이디어를 발산할 수 있다.

8. 측상법

대변을 보기 위해 화장실에 앉아서 신문이나 잡지를 보는 방법을 통해 아이디어를 도출하는 기법이다.

9. 워크법

일을 하면서 업무상 불편한 점을 느껴 해결책의 필요성 인지하는 과정을 통해 아이디어를 토출하는 기법이다.

실질적 작업

아이디어나 생각만으로 머무르지 않고, 실제로 작업을 시작하여 그 과정에서 발생하는 문제점이나 필요성을 찾아내는 방법이다.

프로토타이핑

초기 아이디어를 바탕으로 실제 모델이나 예시를 만들어보며 아이디어를 검증한다.

실험 및 테스트

실질적인 작업을 통해 만들어진 결과물을 실험하거나 테스트함으로써 추가적인 개선점이나 새로운 아이디어를 도출한다.

반복적 개선

작업 결과물에 대한 피드백을 통해 반복적으로 개선하며, 이 과정에서 새로운 아이디어나 방향성을 찾아낸다.

협업의 중요성

다양한 전문가나 팀원과 함께 작업을 진행하면서 그들의 의견이나 통찰력을 통해 아이디어를 확장하거나 개선한다.

워크법은 '실질적인 작업'에 중점을 둔 아이디어 발상법으로 해석될 수 있으며, 실제로 작업을 시작하고 경험하는 과정에서 아이디어나 통찰력을 얻는 방법을 의미한다.

10. 도락법

취미나 재미로 한다는 의미(道樂)로, 취미를 철저히 즐기면서 아이디어를 도출하는 기법이다. 도락법은 취미나 재미를 통해 창의적 아이디어를 발산하는 아이디어 발상법이다. 일상의 즐거운 활동이나 관심사를 통해 무의식적인 창의력을 자극하고 새로운 아이디어를 얻어낼 수 있다.

제10장 ChatGPT와 아이디어 발전

1. 문제인식

아이디어는 '문제 인식'의 방법론으로부터 시작한다. 문제를 어떻게 인식하느냐는 어떤 아이디어를 필요로 하는지 파악하는데 가장 핵심적인 역할을 한다. 즉, 문제 자체에 집중하기보다는, 통찰력을 통해 상황을 종합적으로 파악하는 데 노력을 기울이는 것이 보다 효율적일 수 있다는 이야기다.

예를 들어 '암을 어떻게 치료할 수 있을까'라는 막연한 질문 대신에 '비정상적인 세포 증식을 어떻게 억제할 수 있을까?'라는 구체적인 질문이 더 적합할지도 모른다.

<ChatGPT. 출처: https://www.myanmarinsider.com/governance-of-ai/>

ChatGPT가 나타난 이후 질문의 중요도가 증가했다. 어떻게 질문하느냐에 따라 대답의 질이 달라지기 때문이다. 막연하게 '그래프 그리는 코드 알려줘'라고 추상적으

로 질문하기보다는 '파이썬으로 x축에는 시간, y축에는 현재 기온을 나타내는 막대그래프 그리는 코드 알려줘'라고 물어보는 것이 원하는 답을 더 빠르고 정확하게 얻게 해준다.

그래프를 그려야 한다는 문제는 모두가 알지만, 문제를 인식하는 방법에 따라 얻을 수 있는 결과가 눈에 띄게 달라진다는 점에서 문제를 통찰력을 갖고 바라보는 것이 중요하다.

2. 다양한 관점

아이디어를 얻으려면, 종합적이고 다양한 관점에서 프로세스를 진행해야 한다.

아이디어를 구체적으로 실현하기 위해서는 프로세스에 포함된 모든 과정이 어떻게 유기적으로 연결되고 통합시켜야 하는가에 대한 생각이 필요하다.

시스템은 어떻게 구축이 되어있는지, 물리적 환경은 어떠한지, 팀원들 간의 소통은 어떠한 방식으로 이루어지는지에 관한 종합적이면서도 세세한 부분에 많은 노력을 기울여야 한다.

그래야만 다양한 의견을 교환할 수 있는 환경과 분위기가 조성될 것이고, 이는 곧 다각적인 관점을 수용할 수 있는 시발점이 된다.

외부와 내부의 싱크 탱크를 활용해 다양한 시각을 수용하고, 반복을 통해 복합적이고 다각적인 관점에서 아이디어를 살펴보고 발전시켜 내야 한다.

3. 느슨하고 유연한 진행

아이디어 프로세스는 느슨하고 유연하게 진행해야 한다.

모든 일이 그렇듯이 모든 것이 한 번에 순차적으로 완벽하게 해결될 수는 없다. 하물며 정답을 보면서 맞추는 퍼즐 몇 조각도 수십, 수백 번의 착오를 거치면서 이리저리 맞춰보기 마련이다.

아이디어 프로세스 역시 언제든 이 조각이 다른 곳으로 옮겨갈 수 있다는 점을 염두에 두면서 유연하게 진행할 필요가 있다.

경직된 상태에서 아이디어 프로세스를 진행한다면 도출된 아이디어 역시 틀에 박힌 딱딱한 아이디어가 될 가능성이 높다.

필요한 부분은 명확한 규정과 절차를 따르되, 아이디어를 발상하는 과정에서는 생각의 제한을 두지 않고 유연한 사고를 통해 아이디어를 발전시켜 나아가야 한다.

4. 명확한 의도

아이디어 발상의 목적이나 의도를 명확하게 하라.

모든 일의 시작은 목적을 분명히 하는 것이다. 발상을 통해 아이디어를 도출하는 일도 그 범주에서 벗어나지 않는다. 발상뿐만 아니라 발상에 이르기까지 모든 일을 수행함에 있어, 수행 목적이나 의도는 명확할수록 좋다.

속담에 '**사공이 많으면 배가 산으로 간다**'는 말도 있지 않은가. 목적을 분명히 하는 것은 목적지까지 도달할 수 있는 원동력을 제공하고, 일을 효율적으로 수행할 수 있는 지표가 되기도 한다.

실제로 1453년 벌어졌던 콘스탄티노플(현재 이스탄불) 전투에서 70여척의 군함을 끌고 산을 넘어 전투를 승리로 이끈 사례도 있다.

또한 목적이 명시적으로 나타날수록 구성원들 혹은 자신의 내면에 존재하는 다양한 의견들을 합치시키는 데 도움이 된다.

5. 발상의 패턴을 바꾸는 기술

문제를 명확히 하고 문제에 우선순위를 부여한다.
정보를 취합하고 사실 조사를 한다.
시점 변화를 준다.
집중적 사고를 한다.
마감 일정을 설정한다.
해결 목표를 부여한다.
논리적으로 판단한다.
이미지를 만들어본다.
더하고 **빼**는 습관을 길러라.
기록하는 습관을 가져라.
생각하는 시간을 가져라.
아이디어가 잘 떠오르는 장소를 찾아라.
인터넷, 신문 등을 이용하여 정보를 수집하라.
아이디어 네트워크를 짜라.

패러다임과 고객 의식구조변화에 안테나를 맞춰라.
정보 발신자 역할을 하라.
자신에게 맞는 아이디어 발상법을 익혀라.

6. 천재들의 창조적 아이디어 사고전략

풍부하게 생각하기

가장 존경받는 과학자는 우수한 연구만 한 것이 아니라 열등한 연구도 했다. 즉 방대한 양의 연구가 질을 결정짓는다는 것이다.

천재들의 독특한 특징은 방대한 생산성으로, 바흐는 아프고 피곤할 때도 거르지 않고 매주 한 곡의 칸타타를 작곡했고, 모차르트는 600편 이상의 음악을 작곡했다. 아인슈타인은 상대성에 대한 논문으로 가장 잘 알려져있지만 248편의 다른 논문들도 출판했다고 한다.

많은 아이디어를 창출하는 것에 더하여 천재의 중요한 특징은 아이디어에서 독창적이고 새로운 다양성을 창출해낼 수 있는 능력이다. 그리고 진실로 문제 해결에 효과적이 되기 위해서는 이 다양성은 '맹목적'이어야 한다고 한다.

새로운 조합 만들기-기존의 사고 패턴을 와해

천재들이 자신들이 가지고 있는 기존의 사고 패턴을 와해시키고 자신들의 생각을 새로운 방식으로 재구성하기 위해 우연 혹은 무작위를 창조적인 과정으로 통합시킴으로써 새롭고 독창적인 아이디어를 획득하는 방식을 보여준다.

천재는 계속해서 의식적 무의식적 사고로 아이디어, 이미지, 생각을 다른 조합으로 결합시킨다. 아인슈타인은 에너지, 질량 혹은 빛의 속도의 개념을 만들지는 않았지만, 이 개념을 새로운 방식으로 조합시킴으로써 다른 사람과 같은 세계를 보면서 다른 것을 볼 수 있었다. 조합 놀이는 천재의 풍부한 사고의 핵심적인 특징이다.

<아인슈타인. 출처: PNGWING>

다른 방식으로 생각하기

천재들이 다른 방식으로 생각할 수 있는 것은 이들이 정반대이거나 혹은 비교할 수 없는 주제 사이에 존재하는 양면 가치를 찾아낼 수 있었기 때문이다.

벨은 귀의 내부 구조와 단단한 얇은 막의 움직임 사이를 비교 관찰한 결과 전화기에 대한 생각을 떠올렸다. 수중 터널은 배 좀 벌레가 목재 안으로 터널을 만드는 방법을 관찰함으로써 가능해졌다고 한다. 아인슈타인은 배를 젓거나 기차가 지나가는 동안 플랫폼에 서 있는 것과 같은 일상에서 일어나는 일에서 유사성을 끌어냄으로써 자신이 만든 추상적인 원리 중에서 상당수를 추론하고 설명했다.

찾고 있지 않는 것을 찾기

우리는 뭔가를 시도하고 실패할 때마다 다른 것을 하는 것으로 끝을 낸다. 이 사실은 간단한 것 같지만 이것이 창조적 우연의 첫 번째 원칙이다.

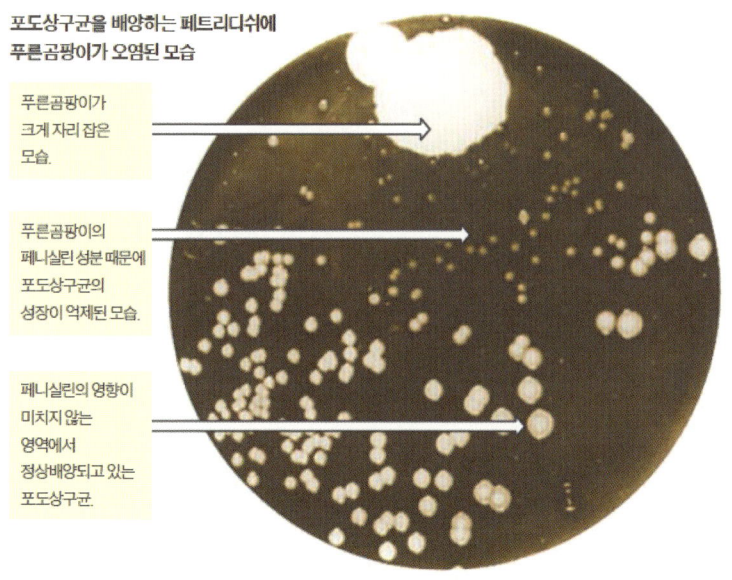

<페니실린. 출처: https://www.joongang.co.kr/article/20189456#home>

플레밍은 죽은 박테리아를 연구하는 동안 노출된 배양균에서 형성된 곰팡이를 본 첫 번째 의사는 아니었다. 플레밍은 무관해 보이는 이 현상을 흥미롭게 생각하고

이것이 어떤 잠재성을 가지는지 궁금하게 생각했다. 이 흥미로운 관찰이 페니실린을 탄생시켰고 수백만 명의 생명을 구했다.

너무나 많은 사람이 이전의 계획을 끝내는 것에 집중해서 기회가 문을 두드리는 소리를 듣지 못한다. 창조적 천재들은 기회의 선물을 기다리지 않는다. 대신 그들은 우연한 발견을 적극적으로 찾는다.

Ⅲ부 아이디어 마케팅

제11장 아이디어 마케팅

1 아이디어 마케팅이란?

지금까지 아이디어가 나오는 과정과 제품화를 위한 사업 타당성 분석, 일반적으로 사용되는 아이디어 발상법, 조직에서 아이디어를 끌어내기 위한 브레인스토밍과 같은 아이디어 발상법을 알아보았다.

이렇게 개발한 제품이 그냥 두어도 잘 팔리면 좋겠지만 제품이 넘쳐나는 시대에 그런 일이 저절로 일어나는 것은 우연히 산 로또 복권이 1등에 당첨되는 것처럼 확률이 매우 낮다.

그렇다면 '이것을 어떻게 팔 것이냐'라는 문제가 대두될 수밖에 없다. 기존의 전통적인 마케팅 기법을 보면, 시장의 니즈를 파악해서 상품을 기획하고, 제품을 만들고, 자금력을 동원해서 대량생산 체계를 갖춰서 가격경쟁력을 확보하고, 유통망을 구축하고, TV나 신문 등의 매체에 광고를 하고, 고객의 요구에 대응하기 위한 고객센터를 운영하는 방법을 Start-Up이나 중소기업이 그대로 따라하기엔 너무도 벅찬 것이 현실이다.

큰 시장에 들어가서 단숨에 시장점유율을 높이면 좋겠지만, 막강한 자금력과 기술력 및 조직력을 모두 갖춘 대기업을 상대로 전면전을 벌인다는 것은 계란으로 바위를 치는 격이다.

뿐만아니라, 기술의 발전과 생활환경의 변화로 인하여 고객들의 니즈(Needs)도 많이 변했다. 이런 변화와 요구를 충족시키지 못하면 시장에서 살아남기가 쉽지 않게 되었다.

<마케팅 개념의 변화>

아직까지 '아이디어 마케팅은 이것이다.'라고 학자들에게 인정받은 정의는 없다. 하지만, 경쟁이 치열한 시장에서 살아남기 위한 욕구와 노력은 계속될 수밖에 없다.

이런 현실 속에서 살아남아 지속가능한 성장을 이어가길 바라는 Start-Up과 중소기업들에게 '다윗과 골리앗'의 싸움에서 다윗을 이기게 해준 무릿매(Sling: 끈에 돌을 넣어 돌림으로써 얻어지는 원심력으로 돌과 같은 무릿매용 탄환을 멀리 날려보내 타격을 입히는 무기) 처럼 단순하지만 강력한 파워를 가진 '아이디어 마케팅'이 필요하다.

다윗이 우연히 돌팔매를 한번 잘 던져서 골리앗을 이긴 것이 아니다. 무릿매는 원심력을 이용하여 돌을 멀리 세게 날리는 도구이다. 무기로 사용하기 위해서는 병사들을 엄청난 강도로 훈련시켜야 한다. 무릿매를 자유자재로 다룰 수 있을 때까지 수천, 수만 번 반복되는 훈련이 필요하다. 그랬을 때 비로소 적들이 두려워할 정도의 정확도와 파괴력을 얻을 수 있다.

<무릇매. 출처: 연세중앙교회 인터넷신문>

마케팅도 마찬가지다. 우연히 얻은 아이디어 하나로 시장에서 지속적인 경쟁 우위를 차지할 수 없다.

그동안 다수의 '마케팅에 대한 정의'가 있었지만 시대의 흐름과 변화에 따라 새로운 정의가 필요해서 필자의 2014년 정의를 다음과 같이 수정 보완했다.

"마케팅은 고객에 대한 이해와 사랑이다."

"마케팅이란, 고객이 필요로 할만한 것을 기획하고 디자인하여 합리적인 가격으로 전달함으로써 고객을 행복하게 하는 일련의 과정들을 말한다."

"인류의 지속가능한 미래와 지속가능한 발전을 위해, 제조는 최소의 자원을 사용하여 제조-사용-재사용 및 재활용-폐기가 자연이 수용 가능한 친환경적인 방법이어야 한다. 이에 따라, 마케팅 활동은 가장 효율적인 최고의 기술을 사용해서 최고의 부가가치를 추구해야 한다."

2. 변화와 수용

지구의 역사를 살펴보면 생명체들에게는 수많은 시련이 있었다. 외적 요인으로는 누구도 원하지 않았지만 느닷없는 운석 충돌로 인한 시련이 있었고, 내적으로는 빙하기와 같은 기후 변화로 인하여 엄청난 수의 생물들이 멸종을 맞이하기도 했다.

이런 환경 속에서 어떤 생물은 멸종했고, 어떤 생물은 변화에 적응하면서 진화한 결과 살아남았다. 기업의 경영환경도 마찬가지 아닐까?

기후가 변하고, 계절이 변하고, 기술이 발전하고, 사회가 발전함에 따라 고객들의 욕구도 변해간다. 이런 욕구를 충족시키면서 지속적인 변화를 거듭하여 적응하는 기업은 살아남을 것이고 그렇지 못한 기업은 사라질 것이다.

<고래. 출처:PNGWING>

대기업들이 큰 시장을 장악하고 있는 현실에서 중소기

업이 승승장구하기란 쉽지 않은 일이다. 그렇다면 바다를 한번 살펴보자. 그 속엔 고래와 상어가 있고, 멸치도 있다. 멸치의 입장에서 보면 불공평할 수도 있겠지만, 멸치가 고래가 물러가라고, 양보하라고 머리띠를 두르고 데모하는 것을 보지 못했다.

<멸치. 출처: PNGWING>

바다가 평화로운 것은 각자의 영역에서 자기들이 할 역할을 제대로 수행하고 있기 때문이다. 기업들도 마찬가지다. 대기업과 정면승부를 하기보다 중소기업들이 잘 할 수 있는 영역의 틈새시장을 찾아서 우리만의 색깔과 목소리로 포지셔닝해서, 지속적으로 변화에 적응해 나갈 것을 당부하고 싶다.

3. 아이디어 마케팅 출발

앞에서도 말한 것처럼 아이디어 마케팅은 특별하게 정의된 범주가 아니라 중소기업이 정성을 다해 개발한 혁신 제품을 자기 회사가 처한 현실을 반영하여, '**자사의 특색이 나타나는 방식으로 시장의 문을 두드리는 것**'이다.

제12장 아이디어 마케팅 전략 1

1. 3C 분석

손자병법에 '지피지기(知彼知己)면 박전불태(百戰不殆)'라는 구절이 있다. 적을 알고 나를 알면 백번을 싸워도 위태롭지 않다는 말인데, 마케팅에서는 3C분석에 해당한다. 고객(Customer), 경쟁사(Competitors), 자사(Company)의 자료를 제대로 수집해서 분석하고, 아이디어를 얻어서 전략을 짜면 기업이 위태롭지 않다는 뜻으로 해석해도 좋다.

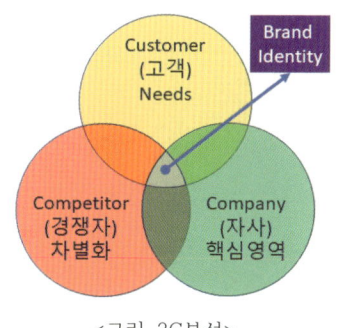

<그림 3C분석>

고객(Customer) 분석 절차

대상 시장 정의: 잠재적인 고객이 누구인지 정의한다.

데이터 수집: 기본(예: 설문 조사, 인터뷰) 및 보조(예: 시장 연구 보고서, 학술 연구) 소스를 사용하여 고객에 관한 데이터를 수집한다.

시장 세분화: 인구 통계학, 지리적, 구매 행동, 심리

특성, 라이프스타일 등과 같은 기준으로 시장을 세분화 하는 것이다.

각 세그먼트 프로필링: 각 그룹의 특성, 필요, 선호도를 이해하고, 공통점과 문제점 또는 각 그룹 내의 욕구를 파악한다.

구매 행동: 고객이 구매 결정을 내리는 방법과 이유를 파악한다. 구매 결정 과정, 고객들의 선택에 영향을 주는 요인과 제품 및 서비스 평가 기준 등을 포함한다.

고객 분석 방법

설문 조사: 타깃 고객을 대상으로 설문 조사를 해서 선호도, 행동 및 만족도에 대한 양적 데이터 수집하여 자료를 분석한다.

<설문조사. 출처: PNGWING>

인터뷰: 개별 고객 경험, 욕구, 문제점 등에 대한 더 깊은 이해를 위해 일대일 인터뷰 진행하거나, 전문가 그룹을 심층 인터뷰하여 결과를 분석한다.

관찰 연구: 직접 고객의 행동을 관찰한다. 이것은 매

장 내에서 직접 육안 또는 관찰카메라로 진행하거나, 온라인 또는 다른 플랫폼을 통해 진행될 수 있다.

사용 및 태도 연구: 소비자가 제품을 어떻게 사용하고 인식하는지 조사하여 분석한다. 제품 개선에 대한 통찰력을 제공받을 수 있다.

SWOT 분석: 고객의 필요와 선호에 관련된 내부적 요인인 강점과 약점, 외부적 요인인 기회 및 위협을 평가한다.

감정 분석: AI를 이용한 머신러닝과 딥러닝 기법을 사용하여 고객의 리뷰, 피드백, 소셜 미디어 언급을 분석하여 제품 또는 브랜드에 대한 감정을 평가한다.

경쟁사(Competitors) 분석

경쟁자 분석은 포괄적인 마케팅 전략의 핵심 구성 요소이다. 경쟁자를 분석하는 일은, 시장 환경을 이해하고, 잠재적 위협을 식별하며, 기회를 발견하고, 정보에 기반한 결정을 내리는데 도움이 된다.

주요 경쟁자: 시장에서의 주요 경쟁자와 잠재적 경쟁자를 모두 나열한다. 직접 경쟁자 (비슷한 제품/서비스를 제공하는 회사)와 간접 경쟁자 (대체 솔루션을 제공하는 회사)가 포함된다.

제품(서비스) 분석: 경쟁자의 제품 특성, 품질, 다양성 등을 조사한다. 이를 통해 경쟁 제품이 어떤 강점과 약점을 가지고 있는지 파악할 수 있다.

시장 점유율 분석: 각 경쟁자의 시장 점유율을 파악한다. 이는 시장에서의 경쟁사의 시장 지배력과 영향력을 알 수 있게 해준다.

광고·홍보 및 프로모션 분석: 경쟁자의 광고, PR, 소셜 미디어, SEO 전략 및 기타 프로모션 전술을 조사하여, 효과적인 전략이나 회사가 활용할 수 있는 것들을 찾을 수 있다.

<광고·홍보. 출처: PNGWING>

가격 분석: 경쟁자의 가격 전략을 조사한다. 가격 경쟁을 하는 것인지, 아니면 제품을 프리미엄으로 포지셔닝하는 것인지 파악할 필요가 있다.

유통 채널 분석: 경쟁자가 제품을 온라인 플랫폼, 소매점, 직접 판매 또는 기타 채널 등 어디에서 어떻게 판매하는지 판매량과 판매비율 등을 분석한다.

SWOT 분석: 각 경쟁자의 강점, 약점, 기회 및 위협을 나열한다. 이는 경쟁 우위를 가질 수 있는 곳이나 주의가 필요한 영역을 명확하게 나타낼 수 있다.

고객 피드백 및 리뷰: 경쟁자에 대한 온라인 리뷰, 피드백 및 평가를 검토한다. 이를 통해 고객의 문제점, 만족도 및 경쟁자가 부족한 부분에 대한 통찰력을 얻을 수 있다.

재무 분석: 가능하다면 경쟁자의 재무제표 또는 사용 가능한 재무 데이터를 검토한다. 이는 경쟁사의 재무 건전성, 투자 영역 및 잠재적 취약성 등을 알 수 있도록 해준다.

기술 분석: 경쟁자가 사용하는 기술, 보유한 특허, 개발 중인 기술 등을 파악하여 우리 회사에 위협이 되는 것과 그렇지 않은 것으로 구분한다.

<기술분석. 출처: PNGWING>

전략적 의도 및 미래 계획: 보도자료, 인터뷰 또는 기업 커뮤니케이션을 통해 경쟁자가 추구하는 미래의 방향을 파악한다.

문화 및 브랜드 분석: 경쟁자의 브랜드 포지셔닝, 가치 및 회사 문화를 분석하고 우리 회사가 추구하는 전략과의 공통점과 차이점을 분석한다.

경쟁자 분석을 마친 후 얻은 통찰력을 바탕으로 긴급하게 조치할 것과 천천히 대응할 것, 잠재적 위협이 되는 것, 무시할 것 등으로 분류하면 자사의 전략을 수립하는데 도움이 된다.

어떤 전략이 경쟁 우위를 제공하게 될지, 시장 기회가 어디에 있는지, 개선이 필요하거나 주의가 필요한 영역을 판단해서 대응해야 한다.

시장과 시장을 석권하기 위한 기업의 전략은 경영환경에 따라 계속해서 변하기 때문에, 경쟁자 분석을 정기적으로 업데이트하여 **마케팅 전략이 시장에 유연하게 대응**할 수 있도록 해야 한다.

<유연한 시장 대응. 출처: PNGWING>

자사(Company)분석

Start-Up 중에는 자사의 역량은 생각하지 않고 무리하게 제품 개발을 하거나 시장에 진출하여 낭패를 보는 기업이 더러 있다.

기업 경영을 1~2년만 할거라면 단기간에 승부를 봐야 하겠지만, 경영은 장기적인 관점과 단기적인 관점, 그리고 현실을 직시해야 한다. 자사 분석에 필요한 핵심 요인을 간추려 보았다.

자원 및 역량 분석: 우리 회사의 핵심 역량이 되는 자원을 파악하는 것으로, 조직 문화, 리더십, 인재, 자금, 기술, 지식, 위기 대응능력 및 기타 자산을 파악한다. 이는 경쟁 우위를 확보하거나 개발할 수 있는 영역을 결정하는 데 도움이 된다.

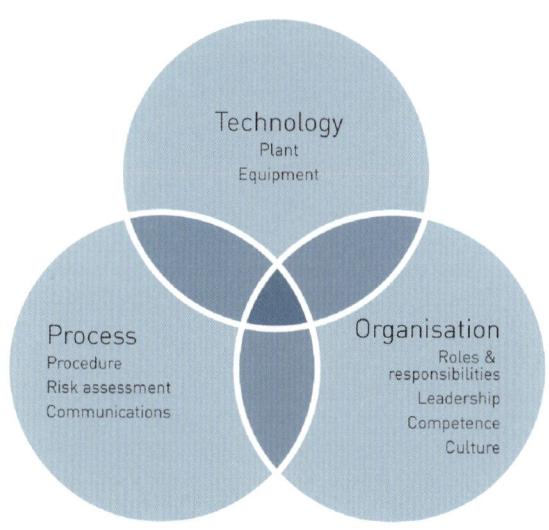

<역량분석. 출처: PNGWING>

재무 분석: 우리 회사의 재무적 건전성, 수익성, 투자 능력 등의 주요 재무 지표를 검토한다.

내부 프로세스 및 기술 분석: 우리 회사의 생산, 서비스 제공, 연구·개발 등의 내부 운영 프로세스와 사용되는 기술을 일목요연하게 정리한다.

조직 문화 및 구조 분석: 우리 회사의 조직 문화, 가치, 리더십, 조직 구조 등을 분석하여 회사의 미션 및 비전과 방향을 같이 하고 있는지 확인한다.

고객 관계 및 브랜드 인식 분석: 우리 회사의 고객 관계, 고객 만족도, 브랜드 충성도 및 브랜드 인식 수준 등을 파악한다.

	긍정적 측면	부정적 측면

내부환경	Strengths(강점) 예시
	• 대표자 및 주요 인력의 전문성
	• 시장에 대응하는 연구노력
	• 신제품 개발을 위한 연구노력
	• 상품 배송과 고객 접근성
	  • 고속도로 IC에 인접
	• 버섯 종균 배양 기술 확보
		Weaknesses(약점) 예시
		• 부족한 자금력
		• 자동화 되지 못한 시설
		  • 품질이 균일하지 않음
		  • 선별작업의 수작업
		  • 제품 포장, 보관시설
		• 마케팅 인력 부족

외부환경	Opportunity(기회) 예시 • 국민들의 건강 욕구 증가 • 참나무 원목재배 면적 감소 • 영농 현대화를 위한 정부지원 • 과정을 눈으로 보는 욕구 증가 • 농업과 관광의 접목 확산	Treat(위협) 예시 • 후발 경쟁자들의 지속적인 도전 • 저가 중국산 버섯 • 경기침체로 인한 소비욕구 감소 • 표고 시장에 도전하는 신품종
WO 전략	자금확보, 시설 현대화로 고객의 건강과 체험 욕구 충족 전략	

<SWOT분석 예시>

SWOT 분석: 우리 회사의 강점, 약점, 기회 및 위협을 통합하여 평가한다. 이를 통해 전략적 방향성을 설정하고, 장기 및 단기 목표를 한눈에 볼 수 있도록 정의할 수 있다.

제품 및 서비스 포트폴리오 분석: 우리 회사가 고객에게 제공하는 제품의 다양성, 특징, 품질 및 시장에서의 위치를 평가한다.

자사 분석을 통해 기업은 현재의 위치와 미래의 가능성을 파악할 수 있다. 이러한 통찰력은 아이디어 마케팅 전략의 방향성을 결정하는 데 중요한 역할을 한다.

2. STP 전략

STP 모델은 세분화(Segmenting), 타겟팅(Targeting), 포지셔닝(Positioning)으로 표현되며 마케팅의 기본적인 요소이다. 이상적인 마케팅 전략을 수립하기 위해서는 가장 효과적인 메시지로 올바른 대상을 찾기 위해 STP 접근법을 사용하는 것이 필수적이다.

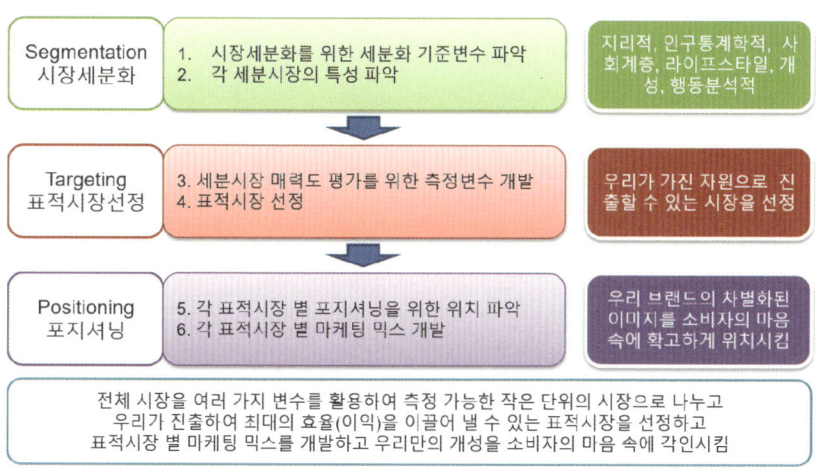

<STP 전략 수립 과정>

시장세분화(Segmenting)

마케팅 전략을 수립하기 위한 시장 세분화는 특정 제품이나 서비스가 가장 잘 들어맞을 소비자 그룹을 식별하고 명확히 구분하는 과정으로, **전체 시장을 동질성이 있는 작은 그룹으로 나누는 과정이다**. 각 세그먼트는 제품 선호도나 기타 유사한 특징을 지닌 소비자로 나눈다.

<시장 세분화. 출처: PNGWING>

인구통계학적 세분화: 연령, 성별, 소득, 직업, 교육 수준, 가족 구성 등의 인구 통계적 특성을 기반으로 세분화한다.

지리적 세분화: 지역, 국가, 기후, 도시 크기 등의 위치 기반 요소로 구분한다.

심리적 세분화: 소비자의 라이프스타일(Lifestyle), 가치관, 인식, 성격 등을 기반으로 한다.

행동적 세분화: 구매 패턴, 브랜드 충성도, 이용 빈도, 가격 민감도 등의 행동을 기반으로 한다.

라이프스타일(Lifestyle): 삶의 방식을 뜻하는 말이지만 요즘은 취미나 선호도와 같은 현재의 삶에서 나타나는 특징적인 행동 패턴이나 소비패턴 또는 사고방식을 말하며 마케팅 측면에서 사용된다.

세분화의 중요성

효율적인 자원 활용: 마케팅 자원을 가장 효과적으로 활용할 수 있는 타겟 시장을 선정한다.

고객 맞춤형 메시지: 특정 세그먼트의 특별한 필요와 원하는 것을 반영하여 메시지를 세그먼트별 맞춤형으로 할 수 있다.

경쟁 우위 확보: 특정 세그먼트에서 우리 회사 브랜드의 독특한 가치 제안을 강조하여 경쟁에서 우위를 차지할 수도 있다.

세분화의 단계

시장의 필요 파악: 전체 시장에서 소비자의 기본 요구사항과 원하는 것을 파악한다.

세그먼트 식별: 공통된 특성 또는 요구를 가진 소비자 그룹을 식별한다.

세그먼트 평가: 각 세그먼트의 크기, 접근성, 수익성 등을 평가한다.

타겟 세그먼트 선택: 브랜드 또는 제품에 가장 적합한 세그먼트를 선택한다.

시장 세분화는 아이디어 마케팅 전략의 핵심 부분이다. 이를 통해 기업은 제품이나 서비스를 최적화된 타겟 그룹에게 효과적으로 전달할 수 있다.

타겟팅(Targeting)

마케팅에서 타겟팅은 기업이 매출을 올리기 위해 목표로 하는 잠재 고객을 선택하는 과정을 의미한다. 아이디어 마케팅 전략을 수립할 때 올바른 타겟팅은 더 높은 참여율과 전환율을 얻을 수 있고, 마케팅 자원을 효율적으로 사용할 수 있는 원천이 된다.

<타겟팅. 출처: PNGWING>

타겟팅의 정의: 공통된 특성을 기반으로 시장을 독립된 그룹으로 세분화한 후, 타겟팅은 브랜드의 장점, 자원, 및 **목표와 가장 잘 맞는 하나 또는 여러 세그먼트를 선택하는 과정**이다.

타겟팅의 중요성

자원의 효율성: 타겟팅을 통해 기업은 마케팅 자원을 가장 수익성 있거나 반응성이 좋은 세그먼트에 집중할 수 있다.

메시지의 관련성: 특정 세그먼트를 위한 맞춤 마케팅 전략은 대상 그룹에 메시지를 전달할 때 더 강렬하고 의미있는 결과를 가져올 수 있도록 해준다.

투자수익률(ROI) 증대: 적절한 시장 세그먼트에 집중하면 광범위하고 무작위적인 접근보다 더 나은 투자수익률을 얻을 수 있다.

ROI(Return On Investment): 투자 대비 수익

타겟팅 전략

비차별화(대량) 타겟팅: 전체 시장을 하나의 시장으로 취급한다. 이 전략은 세계적인 매력이 있고 광범위한 고객에게 사랑받는 제품에 적합하다.

차별화(세그먼트화된) 타겟팅: 각각에 대한 별도의 제안으로 여러 시장 세그먼트를 대상으로 한다. 여러 제품이나 다른 가치 제안이 있는 사업에 유용하다.

집중적(니치) 타겟팅: 하나 또는 특정 몇몇 좁은 시장 세그먼트에 초점을 맞춘다. 이것은 전문화된 제품이나 서비스에 특히 효과적이다. **중소기업이 한정된 자원을 가지고 시장에 진출할 때 수익성이 높은 특정 시장을 공략하기 위해서 주로 사용한다.**

마이크로마케팅(개별) 타겟팅: 특정 개인이나 소규모 그룹의 취향에 맞게 제품과 마케팅 프로그램을 맞춤화한다. 이런 전략은 소수의 마니아 계층을 공략할 때 적절한 전략이다.

효과적인 타겟팅의 기준

세그먼트 크기 및 성장: 대상 세그먼트는 수익을 창출할 만큼 충분히 클 것이며 성장 잠재력을 보여야 한다.

세그먼트 호환성: 세그먼트는 회사의 목표, 자원, 그리고 브랜드 이미지와 일치해야 한다.

도달 가능성: 효과적인 마케팅 채널을 통해 세그먼트에 도달할 수 있어야 한다.

측정 가능성: 세그먼트의 크기, 구매력 및 특성을 측정할 수 있어야 한다.

독특한 필요성: 세그먼트는 타겟팅 마케팅으로 더 잘 제공 될 수 있는 독특한 매력이 있어야 한다.

평가 및 선택

연구 및 분석: 각 세그먼트의 크기, 성장 잠재력, 수익성, 경쟁, 그리고 호환성에 대한 데이터를 수집한다.

수익성 분석: 각 세그먼트를 대상으로 할 때 예상되는 수익을 추정한다.

전략적 적합성: 세그먼트가 브랜드의 장점, 목표, 그리고 자원과 일치하는지 확인한다.

타겟팅은 아이디어 마케팅 전략 수립에서 중요한 단계이다. 브랜드의 가치 제안과 일치하는 특정 시장 세그먼트에 중점을 둠으로써, 고객의 참여를 촉진하고, 전환율을 향상시키며, 마케팅 자원을 집중하여 효율을 높이는 결과를 가져온다.

포지셔닝(Positioning)

포지셔닝은 브랜드가 대상 고객의 마음속에서 독특하고 가치 있는 자리를 확립하는 과정을 의미한다. 효과적인 포지셔닝은 브랜드를 경쟁자와 구별하고 그것의 독특한 특성을 대상 시장에 각인시키는 역할을 한다. 포지셔닝의 결과가 시장과 고객의 필요와 욕구와 일치하면 효율은 극대화된다.

포지셔닝의 정의: 포지셔닝은 우리 회사 브랜드의 독특한 가치를 제안하고, 경쟁자와 어떻게 다른지를 고객의 마음속에 각인하는 과정이다.

포지셔닝의 중요성

차별화: 브랜드가 복잡한 시장에서 경쟁사 제품과 구별되어 자사의 제품이 두드러지게 한다.

관련성: 브랜드의 제안이 대상 고객의 필요와 욕구에 일치하도록 해야 한다.

일관성: 모든 마케팅 채널 및 접점에서 일관된 메시지를 내보내야 한다.

명료성: 고객에게 브랜드의 제품이나 서비스를 고려하고 구매할 명확한 이유를 제공해야 한다.

포지셔닝 전략

특성 또는 혜택 포지셔닝: 제품 또는 서비스의 독특한 특징 또는 혜택을 기반으로 한다.

가격 또는 품질 포지셔닝: 제품이 가지고 있는 가성비(가격 대비 성능)를 기반으로 가치를 제안해서 차별화한다.

사용 또는 응용 포지셔닝: 제품을 사용하는 방법을 동영상이나 설명서로 간략하면서 알기 쉬운 설명을 하거나, 제품의 응용 사례를 제시하여 활용도를 높인다.

<찜기. 출처: 쿠팡 하우니 스텐레스 찜기>

<찜기 응용. 출처: Amozon.com>

위 그림은 찜기를 만들 때는 이런 용도를 의도하지 않았으나 사용자들이 캠핑할 때 모닥불 받침으로 사용하면서 판매가 늘어난 사례이다.

사용자 포지셔닝: 특정 사용자 그룹 또는 세그먼트에 중점을 둔다.

경쟁자 기반 포지셔닝: 브랜드가 경쟁자에 비해 어떻게 우월하거나 다른지를 기반으로 차별화한다.

문화 상징 포지셔닝: 브랜드를 상징이나 아이콘과 연결하여 문화에 포함시킨다.

포지셔닝 문장: 브랜드의 독특한 가치 제안, 대상 관객, 그리고 경쟁자와 어떻게 구별되는지를 전달하는 명확하고 간결한 문장을 말한다.

재 포지셔닝: 시간이 지남에 따라 시장의 역학이 변하

고 브랜드는 그들의 포지셔닝을 변경해야 할 수도 있다. 이는 브랜드의 태도와 시장에서의 인식을 변경하는 것을 포함하며, 종종 마케팅 믹스의 변화를 필요로 한다.

포지셔닝은 마케팅 전략의 기본적이며 핵심 요인이다. 아이디어 마케팅에서는 포지셔닝이 대단히 중요하며, 경쟁자와 구별되면서도 타깃 고객에게 의미 있고, 효율적인 방식으로 아이디어의 독특한 가치를 전달하는 것이 중요하다.

적절한 포지셔닝은 지각된 가치를 향상시키고, 브랜드 인지도를 강화하며, 강력한 고객 충성도를 촉진할 수 있다. 특히 아이디어 마케팅 전략을 수립할 때 브랜드의 위치를 명확하게 정의하고 전달하는 것은 필수적이다.

시장 내에서의 명확한 위치는 브랜드가 고객들에게 제공하는 독특한 가치와 그것이 어떻게 경쟁 브랜드와 다른지를 명확하게 식별하는 데 도움을 준다. 이러한 포지셔닝은 고객의 결정 과정에 직접적인 영향을 미치며, 특히 아이디어 마케팅에서는 그 아이디어의 특징, 혜택 및 가치를 대상 고객에게 명확하게 전달해야 한다.

이렇게 포지셔닝된 브랜드는 고객의 마음속에서 강력하고 독특한 위치를 차지할 수 있으며, 이는 결국 브랜드에 대한 긍정적인 인식과 선호도 향상으로 이어질 수 있다.

제13장 아이디어 마케팅 전략 2

아이디어 마케팅의 실행은 임펙트있는 네이밍과 우리 회사를 확실하게 각인시킬 수 있는 로고를 기반으로, 진실성과 유용성 및 흥미가 있는 고객 커뮤니케이션을 해야 하며, 고객의 참여를 촉진하여 우리 회사에 유용한 방향으로 변화를 이끌어야 한다.

고객의 관심을 유도하기 위하여, 제품 개발 여정을 공개하고, 고객 참여 광고, 용도 전환 아이디어, 사용자 경험 공유 등을 통하여 고객이 자발적으로 참여할 수 있도록 행동 유도를 하여야 한다.

광고·홍보는 시각적인 자료를 단순 명료하면서 우아하게 만들어 고객의 감성을 자극할 수 있어야 한다. 우리 회사가 보내는 메시지는 일관성이 있게 해야 한다.

1. 브랜드 네이밍

브랜드 이름은 소비자에게 회사의 첫 소개 역할을 한다. 강력하고 기억하기 쉬운 이름은 미래의 상호작용을 위한 긍정적인 초기 인상을 만들 수 있다.

정체성 및 인식

브랜드는 독특하고 기억되기 쉬워서 한번 들으면 잊어버리지 않는 것이면, 포화된 시장에서 브랜드의 정체성을 확립하는데 도움이 된다. 이런 인식은 시간이 지남에 따라 브랜드 충성도와 신뢰를 구축하는 데 필수적이다.

브랜드 본질 전달

좋은 브랜드 이름은 브랜드의 핵심 속성, 예를 들어 그 가치, 산업 또는 문화를 전달할 수 있다. "Netflix"와 같은 이름은 각각의 산업과 제공 내용에 대한 힌트를 제공한다.

감정적 연결

브랜드 이름은 소비자들에게 감성과 느낌을 불러일으킬 수 있다. 잘 선택된 이름은 브랜드 충성도에 필수적인 감정적 유대감을 형성하여 대상 고객에게 반향을 일으킬 수 있다.

의사소통 지원

명확하고 설득력 있는 이름은 마케팅 의사소통을 간소화하여 브랜드의 메시지가 대상 고객에게 쉽게 이해되고 기억되게 할 수 있다.

법적 및 IP 보호

독특하고 잘 연구된 브랜드 이름은 상표로 등록될 수 있어 법적 보호를 제공하며 경쟁자가 혼동을 일으킬 수 있는 유사한 이름을 사용하는 것을 방지한다.

디지털 존재감

디지털 시대에는 브랜드 이름이 검색엔진 순위, 도메인 사용 가능성 및 소셜 미디어 존재에 영향을 준다. 독특한 브랜드 이름은 온라인에서 더 나은 가시성을 보장할 수 있다.

글로벌 매력성

브랜드가 국제적으로 성장하려는 야망이 있다면, 여러 언어와 문화에서 부정적인 의미가 없는 보편적으로 매력적인 이름을 선택해야 한다.

아이디어 마케팅에서 브랜드 명명은 단순히 단어나 단어 조합을 선택하는 것만이 아니라, 대상 고객과 호흡하고 공유하는 방식으로 브랜드의 비전, 임무 및 가치를 명확히 하는 출발점이다.

2. 브랜드 네이밍 방법

브랜드 이름은 경쟁사와 구별되는 자사 브랜드의 본질을 소비자에게 지속적으로 좋은 인상을 남기기 위해 중요하다.

연구와 분석

대상 시장, 문화적 의미, 기존 경쟁자를 이해하여 정하는 것이 좋다.

관련성

이름은 브랜드의 가치 제안, 제품, 서비스 또는 해결하려는 문제를 반영해야 한다.

독특성

시장이 포화 상태일 때 독특한 이름은 브랜드가 돋보이게 하고 쉽게 기억되게 한다.

단순성

짧고, 발음하기 쉽고, 기억하기 쉬운 이름이 더 효과적이다.

적응성

좋은 브랜드 이름은 단순해야 하며, 미래의 성장, 새로운 제품 라인 또는 새로운 시장 진입을 허용해야 한다.

피드백 루프

이름을 확정하기 전에 잠재 고객, 이해당사자 및 언어 전문가로부터 피드백을 받아 그것이 울림을 가지고 의도하지 않은 의미가 없는지 확인한다.

삼성의 Anycall이라는 브랜드는 'Anytell'로 정하고자 했으나 미국에 이미 상표가 등록되어 있어서 Anycall로 정했다고 한다. Anycall은 영국에서는 접대부를 뜻하는 부정적 의미가 내포되어 있다고 한다. 삼성이 브랜드를 선정할 당시만 해도 세계 1위의 브랜드가 될 것이라는 기대가 크지 않았던 탓에 유럽을 의식하지 않았지만, 이후 스마트폰으로 넘어가면서 공들여 키운 'Anycall'을 포기하고 'Galaxy'로 변경하게 되었다.

브랜드 정체성과의 일관성

브랜드 이름은 브랜드의 전체 메시지, 톤 및 가치와 일치해야 한다.

브랜드 네이밍은 아이디어 마케팅 전략에서 중요한 단계로, 모든 미래의 브랜드 상호작용의 무대를 설정하고 소비자의 인식을 형성한다. 현재뿐만 아니라 브랜드의 미래의 희망도 고려해야 하는 신중한 접근이 필요하다.

3. 브랜드에 스토리를 담다

아이디어 마케팅에서 브랜드를 포함한 모든 스토리는 만들기 전에 누구에게 말하고 있는지 이해하는 게 중요하다. 고객과 감정, 가치, 경험을 공유하여 친밀감을 형성할 수 있도록 도움을 준다.

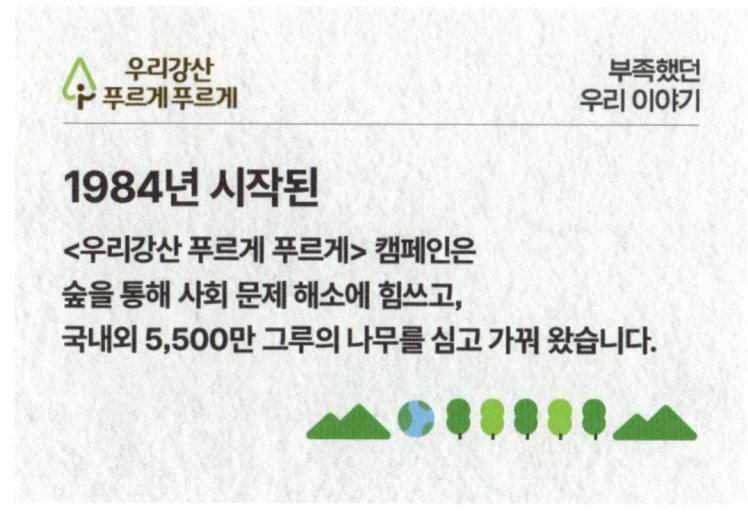

<유한킴벌리 광고. 출처: 우리강산푸르게.com>

명확한 메시지 정의

모든 스토리는 명확한 중앙 메시지나 교훈이 있어야 한다. 아이디어 마케팅의 맥락에서 이것은 제품의 핵심 혜택을 담은 스토리가 있으면 좋다.

공유 캐릭터 만들기

캐릭터는 감정적 우리 회사와 고객의 연결을 주도한다. 고객이 우리 회사의 캐릭터에서 스스로 자신과 연결점을 찾을 수 있도록 해야 한다.

구조 구축

매력적인 스토리에는 명확한 시작, 중간, 끝이 있다. 장면 설정과 문제 소개로 시작하여 (시작), 도전과 여정에 파고들고 (중간), 해결책으로 마무리한다 (끝).

갈등과 해결 포함

모든 위대한 이야기는 갈등에 기대고 있다. 이 긴장감과 이후의 해결은 고객을 참여시키고 제품이나 아이디어의 가치를 강조한다.

진실성 있게

진실성은 신뢰를 구축한다. 세부 사항을 과장하거나 만들어내지 마라. 대신 가능한 경우 실제 경험, 추천, 또는 사례 연구를 기반으로 스토리를 만들어라.

비주얼 사용

비주얼 스토리텔링은 단어만큼이나 더 매력적일 수 있다. 비디오, 인포그래픽(**정보를 시각적인 형태로 전달하려고 하는 것**), 이미지를 사용하여 스토리를 설명하고 기억에 남게 할 수 있다.

감정적으로 참여

감정적 연결은 행동을 주도한다. 행복, 슬픔, 영감, 또는 두려움과 같은 감정에 접근함으로써 대상을 행동에 동기를 부여할 수 있다.

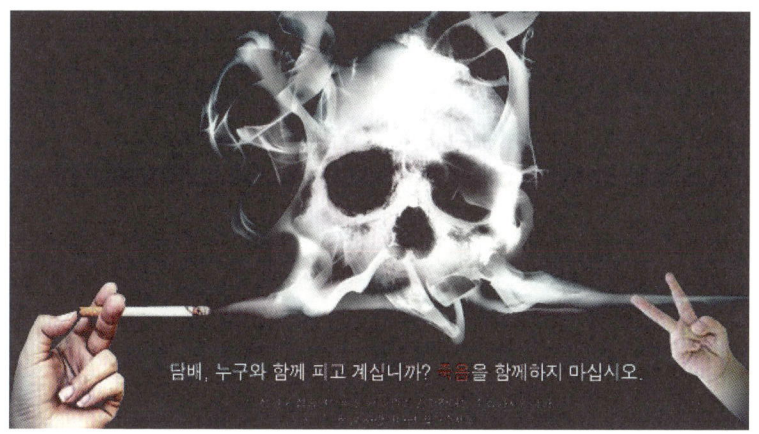

<금연광고. 출처: https://award.kidp.or.kr>

채널 간의 일관성

웹사이트, 소셜 미디어, 오프라인 마케팅 자료 등 모든 마케팅 채널에서 스토리가 일관되게 유지되도록 한다.

본질적으로 아이디어 마케팅 전략의 스토리텔링은 인

간적인 수준에서 우리 회사와 제품을 고객과 연결하는 역할을 하도록 해야 한다. 그랬을 때 고객을 더 많이 참여시키고 더 오래 기억하도록 만들어 제품을 쉽게 구매하도록 만들어 준다.

4. 고객가치

고객이 우리 회사의 제품을 구매할 때, 단순히 물건을 얻는 게 아니라 아이디어와 철학까지 같이 사는 것이다.

마트에서 산 야채보다 아버지가 손수 기른 야채가 더 소중하고 맛있는 이유는 아버지가 쏟은 정성을 우리는 잘 알고 있기 때문이다.

이쑤시개처럼 한번 쓰고 버리는 제품은 가격과 품질 두 가지만 만족하면 브랜드랑 무관하게 구매할 수 있다. 하지만, 우리가 만든 제품은 단순한 기능을 넘어서는 비전을 가지고 만들지 않았는가? 그래서 우리는 단순히 가격과 품질 및 기능을 넘어서는 무엇인가를 전달해야 한다.

고객가치

고객이 가치가 있다고 생각하는 제품을 구매하는 이유는 크게 2가지로 나눌 수 있다. 첫 번째 이유는 제품이 가지고 있는 기능이고, 두 번째 이유는 제품이 가지고 있는 부가적인 가치일 것이다.

명품백을 사는 첫 번째 이유는 물건을 담기 위해서지만, 두 번째 이유는 자기만족과 남들에게 멋져 보이고 싶은 것이다. 두 가지가 함께 작용했을 때 구매가 이루어진다.

고객이 바라는 궁극적인 가치를 제대로 전달하라. 그러면, 고객은 우리 브랜드를 선택함으로써 우리가 지지하는 가치, 우리가 주장하는 혁신, 그리고 우리가 상상하는 지속 가능한 미래를 지지하는 것이다.

친환경 활동이나 소외계층 돕기 등을 통해서 사회적 책임을 잘하는 기업의 제품을 사는 이유는 그 회사의 철학을 지지하기 때문이다.

궁극적으로 추구하는 가치는 제품의 즉각적인 사용에만 있는 게 아니라 그것이 우리 세상에 미치는 더 넓은 영향과 그것이 전하는 메시지에 있다. 구매를 함으로써 단순히 고객이 되는 것이 아니라 차이를 만들기 위해 믿는 커뮤니티의 일원이 되는 것이다.

5. 디자인에 진심을 담다

'우리 속담에 보기 좋은 떡이 먹기도 좋다'는 말이 있다. 이처럼, 디자인이 중요한 이유는 기능성과 사용성에서부터 심리학과 브랜딩에 이르기까지 다양하다. 디자인이 중요한 역할을 하는 이유를 살펴보자.

첫인상

디자인은 사용자나 고객이 제품, 서비스, 브랜드에 대한 첫 인상을 형성하는 데 중요한 역할을 한다. 좋은 디자인은 긍정적인 인상을 남길 수 있지만 그렇지 못한 디자인은 고객의 눈에 선뜻 들어오지 않아, 고객에게 선택을 받기 어렵게 된다.

기능성

좋은 디자인은 제품, 웹사이트, 애플리케이션이 단순히 미적으로 매력적이기만 한 것이 아니라, 기능적으로도 만족을 주고, 직관적이며 사용자 친화적이어야 한다.

예쁜 명품백이라 하더라도 고객이 원하는 물건을 다 담을 수 없고 사용하기 불편하면 고객들은 선뜻 구매하지 않을 것이다.

사용자 경험 향상

잘 디자인된 제품과 인터페이스는 사용자의 경험을 크게 향상시켜 상호작용을 더 부드럽고 즐겁게 만든다.

심리적 영향

디자인은 감정과 기분을 불러일으킬 수 있다. 색상, 모양, 레이아웃은 신뢰, 평온, 심지어 흥분을 이끌어낼 수 있다.

브랜딩 및 정체성

디자인은 브랜드 정체성을 확립하는 데 중요한 역할을 한다. 제품과 접점 전반에 걸친 일관된 디자인은 브랜드 인식을 구축하는 데 도움이 된다.

경쟁우위

잘 디자인된 제품은 시장에서 경쟁 우위를 차지하며 판매 증가를 이끌 수 있다.

문제 해결

본질적인 디자인의 의미는 문제 해결에 관한 것이다. 제품을 더 인간 중심적으로 만들거나 웹사이트를 더 탐색하기 쉽게 만드는 것과 같은 문제를 해결하는 데 디자인이 제공하는 해결책이 있다.

보기 좋은 음식이 주는 의미는, 맛있어야 하고, 먹기 좋아야 하고, 몸에도 좋아야 한다는 것이다.

디자인은 제품의 기능과 사용자 사이의 간극을 메우며, 제품이 효과적으로 작동할 뿐만 아니라 감정적 수준에서도 공유할 수 있게 만든다.

디자인의 중요성은 미적인 것을 넘어서 고객이 가지고 있는 문제 해결, 감정을 불러일으키기, 사용성 보장, 신뢰 구축 등에 있다.

단 하나의 아이디어로 성공할 수 있는 시대는 갔다.

5. 선택과 집중

필자가 입버릇처럼 하는 말이 '**선택과 집중**'이다. 창업 기업이나 중소기업은 마케팅 자원이 늘 부족한 편이다. 한정된 자원을 가지고 최고의 효율을 내기를 원한다면 선택과 집중을 해야 한다. 3C 분석을 통해 얻은 자료를 토대로, 우리 회사가 가진 자원으로 충분히 공략할 수 있는 특정 시장을 선정해서 고객을 공략해야 한다.

리소스 최적화

제한된 자원(시간, 예산, 인력 등)을 가장 중요하고 효과적인 활동에 집중함으로써 최대의 효과를 얻을 수 있다.

브랜드 인지도 향상

특정 분야나 메시지에 집중함으로써 명확한 브랜드 이미지와 인지도를 향상할 수 있다.

시장 내 경쟁력 강화

특정 영역에 집중하면 그 분야에서의 전문성과 경쟁력을 높일 수 있다.

6. 선택과 집중 방법

시장 연구

타겟 시장과 소비자의 필요와 선호를 파악하여 가장 중요한 기회 영역을 식별한다.

핵심 가치 정의

우리 회사의 브랜드나 제품의 핵심 가치와 메시지를 명확히 정의하고 그것에 맞춰 타깃 고객에게 효율적으로 전달할 수 있는 전략을 수립한다.

7. 이기는 방법

세계 역사를 살펴보면 무수히 많은 전쟁이 있었다. (Pitirim A. Sorokin)에 의하면 1100년부터 1925년까지 유럽에서 862번의 전쟁이 있었으며, 17세기부터 1925년까지 3,400만명 이상이 전사한 것으로 추정되고, 인류가 이 땅에 태어난 이후 5천년동안 약 26,000여회의 전쟁이 발발했으며, 20세기 이후에 평균 5년마다 한 번씩 전쟁이 발발하고 있다고 한다.

우리 역사에서 외침을 받은 것은 993회 정도이고 평균 4.3년마다 한 번씩 침략을 받은 셈이다. 작은 노략질 숫자를 제외하고 역사에 기록될 정도만 추리면 약 90회라고 한다.

이렇게 역사에 기록된 많은 전쟁 중에서 약자가 강자에게 승리를 이끌어 낸 장군 2명을 소개한다. 그중에 한 명은 임진왜란의 영웅 이순신 장군이고, 또 한 명은 베트남에서 영웅으로 추대받는 보응우옌잡 장군이다.

8. 이순신 장군의 이기는 법

이순신 장군은 우리나라 역사에서 가장 위대한 해군 사령관이다. 그는 임진왜란(1592-1598)에서 왜군(倭軍)에 맞서 여러 주요 전투에서 승리하며 조선을 지켜냈으며, 엄격하면서도 공평했다. 여기 이순신 장군의 전략 몇 가지를 살펴보자.

거북선

이순신 장군의 '난중일기'에 따르면, 여수 앞바다에 거북선이 진수한 것은 음력 1592년 3월 27일이다. 주요 무기인 지자총통과 현자총통을 시험 사격하여 실전배치한 것은 왜군이 침략하기 하루 전인 음력 4월 12일이였다. 오늘날처럼 정보가 충분하지 못한 상태에서 적의 위협에 대응하기 위해서 미리 거북선을 준비한 이순신 장군이 계시지 않았다면 우리나라의 운명은 달라졌을 것이다.

지리적 이점

이순신은 조선의 연안, 조수와 해류에 대한 깊은 지식을 토대로 지리적 이점으로 활용했다.

기습과 매복

이순신은 직접 대결보다는 급습과 매복을 자주 사용했다.

정확한 계산과 기동

이순신 장군의 주요 전술 중 하나는 철저한 계산으로 적을 진(陣) 깊숙히 유인하여 삼면에서 포위하고 공격하는 '학익진(鶴翼陣)'을 사용했다.

한산대첩은 열세의 조선 수군이 우월한 화기와 적절한 전법을 구사하여 일본의 수군을 괴멸시킨 임진왜란 당시 최대 규모의 해전이다.

당시 왜군의 병선은 모두 73척이었으며 조선 수군의

학익진을 바탕으로 한 화력 집중에 47척이 파괴되고 12척이 나포되는 괘멸적인 피해를 입었다. 해전 초기 일본 수군은 조선이 학익진을 펼치는 것을 알고 있었지만 크게 염려하지 않았다고 하는데, 학익진은 측면 공격에 취약하여 왜군도 여러 차례 실패한 사례가 있었기 때문이다.

이순신 장군은 임진왜란이 일어나기 전부터 수군의 훈련에서 화망을 형성한 집중포화 전술을 훈련하고 있었다. 각종 화기의 사정거리에 대한 숙지와 발사 각도 등에 대한 계산 등의 훈련이었다.

조선 수군은 수학적인 계산을 통해 화력 집중점을 설정할 수 있었고, 한산대첩은 훈련해 오던 학익진을 통한 화망 형성이 처음 실전에 사용된 해전이었다. 이 승리 이후 이순신은 화망 형성을 통한 적함 파괴를 주요 공격 수단으로 삼았고 일본 수군을 상대로 단 한 번의 패배 없이 전투를 승리로 이끌 수 있었다.

조선 수군에 의해 큰 피해를 입은 왜국(일본)은 도요토미 히데요시가 직접 해전 금지령을 내릴 정도로 조선 수군을 경계하였다.

정보 수집과 대비

전투에 참여하기 전에 이순신 장군은 적의 움직임과 계획에 대한 정보를 철저히 수집했고, 조선의 해안을 요새화하여 전투에 대비했다.

과도한 확장 피하기

이순신 장군은 전투에서 이기고 있는 중에도 퇴각하는 적을 추적하지 않았다. 이것은 적의 퇴로를 열어줌으로써 궁지에 몰린 적이 최후의 발악을 하면서 아군이 입을 피해를 사전에 차단한 것이다.

속담에 쥐가 궁지에 몰리면 고양이를 문다고 했다.

지속적인 훈련

이순신 장군은 항상 훈련과 준비를 강조했다. 장군의 지도력이 아니었다면, 병력과 화력면에서 압도적 우위를 가진 왜군을 이길 수 없었을 것이다.

그의 전략은 명량해전에서 잘 나타나 있다. 이순신 장군은 13척의 배로 300척 이상의 일본 함대를 물리쳤다.

이순신 장군의 '지피지기'를 통한 '3C분석', '준비와 훈련', '선택과 집중'은 마케팅 자원이 충분하지 않은 중소기업들이 본받아야 할 것이다.

9. 보응우옌잡(Võ Nguyên Giáp) 게릴라 전술

베트남의 보응우옌잡 장군은 프랑스, 미국, 중국이라는 자기보다 훨씬 강한 나라를 상대로 싸워 연이어 승리를 거둔 장군이다.

그는 손자병법과 같은 병서에 정통한 까닭도 있었지만, 뛰어난 독창성과 승리에 대한 믿음이 있었다. 그의 전략과 전술을 요약하면 다음과 같다.

주요전략

1. 지형지물(산, 정글, 늪, 터널, 요새)을 이용한다.
2. 함정을 이용한다.
3. 기습과 적이 반격하기 전에 철수한다.
4. 보급(물류)에 만전을 기한다.
5. 강한 미군에 맞서기 위해 유연성을 강조했다.
6. 베트남전을 군사적인 면뿐만 아니라 정치적인 것으로 봤다.
7. 전쟁이 진행됨에 따라 새로운 미국의 전술과 기술에 적응하는 것을 잘했다.

미군과 싸울 때 주요 전술

1. 적이 원하는 타이밍에 싸우지 않는다.
2. 적이 원하는 장소에서 싸우지 않는다.
3. 적이 원하는 방법으로 싸우지 않는다.

우리 회사에 필요한 창의적인 전략은 한두 시간 고민해서 바로 얻을 수 없다. 남들이 하지 않는 방법과, 가지 않는 길을 가는 것이기 때문에, 불확실성으로 인해 더 힘들고 괴롭다.

사람이 열세에 몰리면, 불안해지기 때문에 상황을 회피하기 위해 조바심을 낸다. 그래서 안될 줄 알면서 무모하게 강자와 정면 대결을 벌인다. 결과는 뻔하다. 대부분 패한다.

궁지에 몰리고 힘들수록 상대가 예상하지 못하는 독창적인 방법을 써서 적의 허를 찔러야 하는데, 그 방법들은 대부분 실천하기 어렵고 힘든 것들이다. 불확실성은 커지고 결과는 예측하기 힘들다. 그래서 남들과 다른 독창적인 전략을 택하는 경우가 드물다는 것이다.

 확고한 믿음이 독창적인 자기만의 전략을 실천에 옮길 수 있는 원동력이 된다. 이길 수 있다는 확고부동한 믿음이 있으면, 어렵고 힘든 싸움을 흔들리지 않고 견뎌낼 수 있다.

싸움은 졌다고 항복하기 전까지 진 게 아니다

당신이 진정으로 바뀌고 싶다면
자기 자신까지 모든 것을 다 바꿔라.

14장 아이디어 마케팅의 미래 트렌드

1. 기술 발전과 그 영향

기술 발전은 우리가 소통하고, 일하고, 정보에 접근하고, 세상과 소통하는 방식을 포함하여 우리 삶의 다양한 측면에 지대한 영향을 미쳤다. 다음은 몇 가지 주요 기술 발전과 다양한 영역에 미치는 영향이다.

소셜 미디어 플랫폼

Facebook, Twitter, Instagram 및 LinkedIn과 같은 플랫폼은 우리가 연결하고 정보를 공유하며 다른 사람과 교류하는 방식을 변화시켰다. 그들은 개인적인 표현, 사회적 상호 작용 및 마케팅 기회를 위한 새로운 길을 만들었다. 메타버스로 발전해가고 있다.

원격 작업 및 공동 작업 도구

통신 및 공동 작업 도구, 프로젝트 관리 소프트웨어 및 클라우드 기반 응용 프로그램의 발전으로 인해 원격 작업 및 가상 팀 공동 작업이 촉진되어 유연성과 생산성이 향상되었다.

자동화 및 인공지능(AI)

자동화 및 AI 기술은 반복적인 업무부터 데이터 분석까지 업무의 다양한 측면을 간소화하고 개선하여 직원들이 보다 복잡하고 전략적인 활동에 집중할 수 있도록 한다.

가상 현실(VR) 및 증강 현실(AR)

VR 및 AR 기술은 게임, 스토리텔링, 교육 및 몰입형 경험을 혁신하여 디지털 콘텐츠와 상호 작용하는 새로운 방법을 제공하고 혁신적인 마케팅 전략을 위한 기회를 창출한다.

원격 의료

통신 기술을 통해 원격 환자 상담, 모니터링 및 진단이 가능해 특히 서비스가 부족한 지역에서 의료 서비스에 대한 접근성이 확대된다.

디지털 건강 도구

웨어러블 장치, 건강 모니터링 앱 및 전자 의료 기록은 건강 추적, 조기 발견 및 개인화된 건강 관리 관리를 향상시킨다.

전기 자동차(EV) 및 자율 주행 자동차

배터리 기술의 발전과 전기 자동차의 개발은 탄소 배출량 감소와 지속 가능한 운송 수단으로의 전환에 기여한다. 한편, 자율주행차는 미래에 모빌리티와 운송 시스템을 재구성할 수 있는 잠재력을 가지고 있다.

재생 가능 에너지 기술

대기권 밖에서 태양열 발전, 풍력 및 기타 재생 가능 에너지원의 혁신은 보다 깨끗하고 지속 가능한 에너지 생성으로의 전환에 기여했다.

에너지 관리 및 스마트 그리드

스마트 그리드 및 에너지 관리 시스템은 효율적인 에너지 분배, 소비 모니터링 및 최적화를 가능하게 한다.

이것은 기술 발전이 우리 삶의 다양한 측면에 미친 중요한 영향의 몇 가지 예일 뿐이다. 기술이 계속 발전함에 따라 우리 사회, 경제 및 일상 경험을 점점 더 심오한 방식으로 형성하고 변화시킬 것이다.

2. 인공 지능과 머신러닝의 역할

인공 지능(AI)과 기계 학습(ML)은 다양한 산업과 부문을 형성하는 데 중요한 역할을 한다. 다음은 그 영향을 강조하는 몇 가지 주요 측면이다.

완전 자동화 및 효율성

AI 및 ML 기술은 반복적이고 일상적인 작업을 자동화하여 효율성과 생산성을 향상시킨다. 일상적인 프로세스를 자동화함으로써 조직은 보다 복잡하고 전략적인 활동에 집중할 인적 자원을 확보할 수 있다.

데이터 분석 및 인사이트

AI 및 ML 알고리즘은 방대한 양의 데이터를 빠르게 분석하고 귀중한 인사이트를 도출할 수 있다. 이를 통해 조직은 데이터 기반 의사 결정을 내리고, 패턴을 식별하고, 이상을 감지하고, 더 정확하게 결과를 예측할 수 있다.

개인화 및 맞춤화

AI 및 ML은 사용자 데이터 및 선호도를 분석하여 개인화된 경험을 촉진한다. 이를 통해 기업은 제품, 서비스 및 권장 사항을 개별 고객에게 맞춤화하여 고객 만족도와 참여를 높일 수 있다.

자연어 처리 및 챗봇

AI 기반 자연어 처리(NLP)를 통해 기계는 인간의 언어를 이해하고 응답할 수 있다. 챗봇과 가상 도우미는 고객 지원을 제공하고, 질문에 답하고, 상호 작용을 자동화하여 고객 서비스와 사용자 경험을 향상할 수 있다.

예측 분석 및 예측

AI 및 ML 알고리즘은 과거 데이터와 패턴을 분석하여 예측 및 예측을 수행할 수 있다. 이는 특히 금융 시장, 수요 예측, 위험 평가 및 예측 유지 관리에 유용한다.

이미지 및 음성 인식

AI 및 ML 기술에는 고급 이미지 및 음성 인식 기능이 있다. 이러한 기술은 안면 인식, 음성 지원, 콘텐츠 태깅, 의료 이미지 분석과 같은 애플리케이션을 강화하여 보안, 의료 및 미디어와 같은 분야를 혁신한다.

추천 시스템

AI 알고리즘은 사용자 행동, 선호도 및 과거 데이터를 분석하여 개인화된 추천을 제공할 수 있다. 이는 스트리밍 플랫폼, 전자 상거래 웹사이트 및 콘텐츠 플랫폼에서 일반적으로 볼 수 있으며 사용자가 관련 콘텐츠 또는 제품을 검색하는 데 도움이 된다.

자율 시스템

AI와 ML은 자율 주행 자동차, 드론, 로봇을 포함한 자율 시스템 개발에 매우 중요하다. 이러한 시스템은 최소한의 인간 개입으로 환경을 인식하고 의사 결정을 내리고 작업을 수행하여 운송, 물류 및 제조 분야에서 새로운 가능성을 열어준다.

사기 탐지 및 사이버 보안

AI 및 ML 기술은 사기 탐지 및 사이버 보안 조치를 향상시킨다. 이러한 기술은 대규모 데이터 세트를 분석하고, 의심스러운 패턴을 식별하고, 이상 징후를 감지하여 조직이 사기, 사이버 위협 및 무단 액세스를 방지하도록 돕는다.

의료 및 의료 진단

AI 및 ML은 의료 진단, 약물 발견, 맞춤형 의료 및 환자 모니터링을 지원하여 의료 분야에서 상당한 발전을 이루었다. 이러한 기술은 의료 데이터를 분석하고 패턴을 식별하며 환자 치료를 개선하기 위한 통찰력을 제공할 수 있다.

AI와 ML은 또한 데이터 프라이버시, 편향, 일자리 대체와 같은 윤리적 고려 사항을 제기한다는 점에 유의하는 것이 중요하다. AI 및 ML 기술의 책임감 있는 개발 및 사용에는 이러한 문제를 해결하고 응용 프로그램의 공정성, 투명성 및 책임성을 보장하는 것이 포함된다.

Ⅳ부 아이디어 상품 사례

다이어터들을 위한 숟가락

급변하는 산업환경 속에서 망하지 않을 산업 분야를 하나 꼽으라면 아마도 푸드테크 산업일 것이다. 식사는 인간의 가장 기본적인 욕구 중 하나다.

우리는 하루도 빠짐없이 무엇을 어떻게 먹느냐에 대한 고민에 휩싸인다. 그러한 고민 중 하나는 어떻게 하면 건강하게 식사를 할 수 있느냐는 것이다. 건강한 신체를 유지하면서 성공적으로 다이어트를 수행하고 싶지만, 매 순간 달고 짭짤한 음식이 그러한 의지를 약하게 만든다.

이점에서 영감을 얻은 스타트업 기업 테이스터부스터스(Taste Boosters)는 아래와 같은 고객의 문제와 욕구분석을 통해 맛을 증폭시키는 숟가락 '스푼텍(Spoon TEK)'을 선보였다.

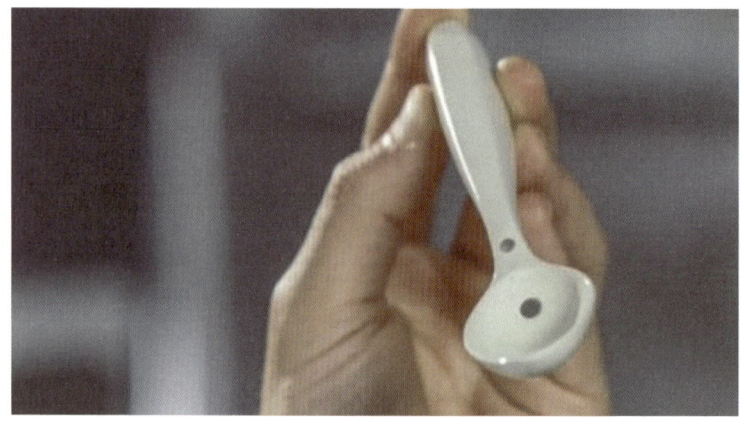

<사진출처: https://www.hankyung.com/economy/article/2023010888809i.>

다이어트를 하는 사람들의 문제점

① 적게 먹고 운동을 많이 하면 살이 빠진다는 것을 알고 있지만, 현실적으로 식욕을 억제하는 것이 어렵다.
② 위와 같은 이유로 도전과 실패를 반복하게 되면서, 다이어트 식품에 눈을 돌리지만 광고처럼 살이 빠지지 않는다.
③ 약물의 도움을 받아도 그때뿐이고 무척 어렵다.

다이어트를 하는 사람들의 요구사항

힘들게 운동을 하지 않고, 다이어트 식품없이, 약물에 의존하지 않고 편안하게 살을 뺄 방법이 없을까?

개발자의 아이디어

살을 빼려면 기초대사량보다 적은 칼로리를 섭취하면 된다.

해결방법

약물의 도움없이 식욕을 억제하자.

기술적으로 가능한가?

① 숟가락이 입에 닿는 부분에 전자기기를 부착하여 혀를 자극해 사람이 느끼는 맛을 극대화한다.
② 즉, 소량의 소금과 설탕만으로도 우리가 원하는 맛을 느낄 수 있도록 한다.
③ 스타트업 기업 테이스터부스터스(Taste Boosters)는 맛을 증폭시키는 숟가락 '스푼텍(SpoonTEK)'을 선보였다.

적용범위

초고도 비만 환자나 중증 당뇨병 환자와 같이 필수적으로 건강을 유지해야 하는 사람이지만, 시간적인 문제와 체력적인 문제들로 인하여 음식을 줄이거나, 고강도의 운동이 힘든 사람, 의지가 약해서 다이어트 시작은 하지만 중간에 포기하는 사람 등

이제는 긁는 것마저 속인다.

착각을 하지 않는 사람은 없다. 가끔 아무것도 닿지 않았는데 무언가 닿았다고 느끼거나, 반대로 집중하느라 나를 부르는 커다란 소리와 터치에도 반응하지 않을 때가 있다. 보통 이러한 착각은 우리의 삶에 작은 불편함을 주곤 한다. 이유 없이 따끔거리는 고통을 느껴야 할 때도 있고, 소리를 인지하지 못해 잔소리를 듣거나 위험에 빠질수도 있다. 그러나 지금 소개하는 착각은 우리의 삶을 조금 더 윤택하게 만들어줄지 모른다. '오사카 히트 쿨'이라는 일본 기업

이 만든 써모스크래치(ThermoScratch)라는 제품은 가려울 때 피부에 긁는 느낌을 준다.

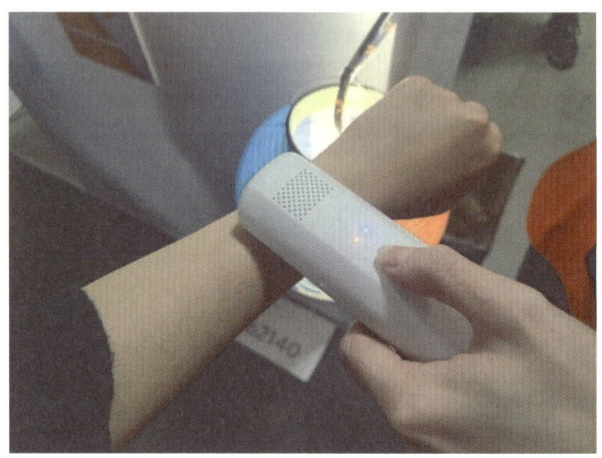

<사진출처: https://www.hankyung.com/economy/article/202301088809i.>

문제상황

일상적으로 있는 간지러움은 직접적으로 긁는 행위를 통해 해결해도 큰 문제가 되지 않지만, 만성적인 가려움증은 반복해서 긁으면 지속적으로 피부에 상처를 남기면서 문제가 될 수 있음.

요구사항

①피부에 물리적인 자극을 주지 않고 가려움을 해결할 수 있는 방법은 없을까?
②반복적으로 가려움을 해소해도 문제가 되지 않을 수는 없을까?

아이디어

직접적으로 긁는 행위를 통해 간지러움을 해소하는 것이 아닌, 온도차를 이용하여 뇌를 속임으로써 물리적인 자극 없이 간지러움증을 해결

사례 및 적용범위(기대상황)

① '오사카 히트 쿨'이라는 일본 기업이 만든 써모스크래치(ThermoScratch)라는 제품은 실제로 물리적 마찰을 통해 긁는 것

이 아니라 온도를 이용해 뇌에 착각을 일으켜 마치 피부를 긁었다라고 느끼게 만듦.
② 이 아이디어는 아토피나 피부질환이 있는 아기들이 가려움을 참지 못하고 피부를 긁어 부어오르거나 상하는 일을 막는데 많은 도움을 줌
③ 피부병 환자뿐만 아니라 외과적 수술 이후 세균 감염 등을 이유로 환부에 손을 델 수 없어 극심한 간지러움을 느끼는 환자에게 멸균된 상태의 해당 제품을 사용하면 문제를 해결할 수 있을 것으로 기대됨

제품을 바코드로, 바코드를 제품으로

<출처: https://blog.naver.com/stussyblog/223184610918>

다른 제품과 함께할 때 더 완벽하게 즐길 수 있는 제품이 있다. 가장 대표적인 것 중 하나가 오레오. 오레오는 과거부터 꾸준히 우유와 환상적인 조합을 이루는 과자라는 점을 꾸준히 어필해왔다. 특히 올해 미국에서 정말 획기적인 OREOCODES라는 아이디어를 우유와 접목시키면서, 우유를 구매하는 고객들에게 자사 제품을 홍보하였다.

문제상황
①소비자들의 기억에 남을 수 있는 자사 제품 홍보 방법이 필요
②자사제품 홍보를 통해 매출 증대가 필요

요구사항
①우유와 잘 어울리는 스낵류 제품인 '오레오'를 어떻게 하면 기존 소비자들의 이목을 끌어 구매를 촉진시킬 광고 방법이 필요
②기존 고객뿐만 아니라 신규 고객을 끌어 들일 수 있는 방법 필요

아이디어
①오레오의 모양이 바코드와 유사한 점을 이용해 오레오 코드라는 바코드를 만들어 소비자가 바코드를 보면 자사 제품이 생각나도록 유도
②우유에 해당 바코드를 부착하여 우유와 잘 어울리는 제품이라는 점을 어필해 우유를 구매하는 잠정적 고객들이 오레오를 구매하는 실제 구매자가 될 수 있도록 어필

사례 및 적용범위(기대상황)
①오레오 회사에서 만든 오레오를 쌓아놓은 모양을 형상화한 오레오코드는 바코드 역할을 함과 동시에 스마트폰으로도 스캔이 가능하도록 설계됨
②오레오는 미국의 대형 소매점들과 협력하며, 해당 점포에서 판매하는 우유 제품의 바코드를 특별하게 활용하여 우유와 오레오의 조합을 바코드를 통해 홍보하는 아이디어를 선보였다.
③특히나 이 아이디어는 우유를 자주 구매하지만 오레오는 구매하지 않는 고객들을 사로잡을 수 있다는 점에서 매력적으로 느껴진다. 또한 모든 제품에 부착된 바코드를 통해 자사 제품을 홍보했다는 점에서 바코드를 볼 때 오레오를 연상시킬 수 있는 지점을 마련했다는 점 또한 창의적이라고 할 수 있다.

마시는 만화

<https://clios.com/awards/winner/design-craft/seki-milk/milk-manga-142074>

해당 광고는 일본 기후현이의 우유회사 '세키우유'가 아이들이 우유를 마시는데 흥미를 느낄 수 있도록 새로운 넛지 마케팅을 시도한 사례이다.

넛지 마케팅이란 상품의 특성을 강조하고 소비자가 그 상품을 구매하도록 집중한 종래의 마케팅과 달리, 소비자가 선택을 함에 있어 좀 더 유연하고 부드러운 방식으로 접근하는 마케팅 방식을 의미한다.

문제상황

① 일본에서는 어린 학생들이 학교에서 제공되는 우유를 끝까지 마시지 않고 남기는 경우가 많음
② 남긴 음식물은 오수 처리 증대로 이어짐
③ 우유를 통해 섭취해야 하는 영양소를 충분히 섭취하지 못하게 됨

요구사항

① 아이들이 우유를 남기지 않도록 유도
② 강압적인 방법이 아닌 자발적으로 우유를 찾도록 함

아이디어

재미있는 그림을 우유병에 삽입하여 아이들을 흥미를 유발 우유를 다 마셔야만 만화 그림을 볼 수 있도록 함으로써 우유 섭취를 유도

사례 및 적용범위(기대상황)

①세키우유에서는 우유를 전부 섭취해야만 만화를 읽을 수 있도록 우유와 같은 색의 선으로 병에 만화를 그리는 아이디어를 선보임
②결과는 대성공으로 해당 우유병을 받은 학생의 90% 이상이 우유를 마시는 성과를 거두었고, 해당 광고는 2023' ONE SHOW/2023 CLIO AWARDS등의 광고제에서 수상하기도 했다.
③우유뿐만 아니라 색이 있는 다른 제품에도 적용 범위를 확대할 수 있음

깎지 않는 손톱깎이

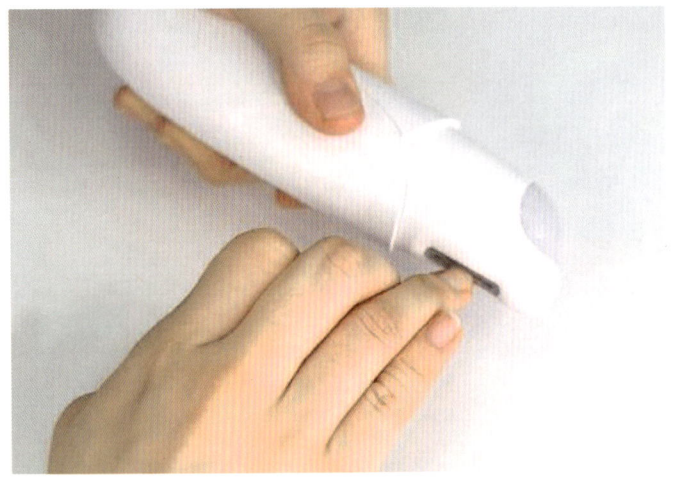

<출처: https://www.ajunews.com/view/20190601165039431>

종종 엉뚱한 상상이 획기적인 아이디어로 이어지고는 한다. 손톱깎이의 역할과 용도는 분명하다. 손톱을 '깎는 것'. 그 명료함 때문

인지 수천 개가 넘는 손톱깎이 제품들은 대부분 약간의 크기나 각도에 차이가 있을 뿐, 같은 형태를 띠고 있다. 이 제품은 기존의 깎는 방식 자체를 부정하면서 명쾌하게 손톱깎이의 단점을 보완했다.

문제 상황
기존 손톱깎이는 살도 자를 만큼 절삭력이 좋아 반려동물, 아기, 수전증 환자 등이 사용시 계속해서 움직임을 보이는 경우 위험함
자른 손톱이 사방으로 날려 불편함
잘려나간 날카로운 손톱을 반려동물이나 아기가 삼킬 수 있음

요구사항
①계속해서 움직이는 대상들이 사용하더라도 안전한 손톱깎이
②손톱이 사방으로 날리지 않아야 함

아이디어
①손톱을 손톱깎이 사이에 넣고 잘라내는 방식이 아닌 갈아내는 방식을 사용하여 부상 방지
②깎은 손톱은 기계 내부로 모아서 버릴 수 있도록 함

사례 및 적용범위(기대상황)
①어린아이 혹은 반려동물 등의 손톱을 깎아줘야 하는 가족
②스스로 손톱을 깎기 힘든 수전증 환자
③장애로 인해 한쪽 손을 쓸 수 없는 환자

이제는 세탁기에도 물이 없어진다.

일반적으로 세탁기는 빨랫감과 물이 마찰하는 과정을 통해 세탁이 이루어진다. 이 세탁기는 내부에서 기체 상태의 이산화탄소를 냉각·압축해 액체 상태로 만들고 이를 물 대신 이용한다. 즉, 사용할 때는 액체로, 사용하지 않을 때는 기체 상태로 보관하는 방식을 도입한 것이다. 이산화탄소는 압력 조절을 통해 비교적 쉽게 기화와 액화가 가능하다.

다만 고압가스를 다루는 것은 상당히 위험할 수 있으므로 가정에서 보기 까지는 상당한 시간이 필요할 것으로 보인다.

<https://everydictionary.tistory.com/entry/%EB%AC%BC%EC%97%86%EB%8A%94-%EC%84%B8%ED%83%81%EA%B8%B0%EC%9B%90%EB%A6%AC-%EC%9E%A5%EB%8B%A8%EC%A0%90>

문제 상황
①기존 세탁기는 급수 및 배수시설이 필수적으로 필요하여 실내에서 사용할 수 있는 위치가 매우 제한적임
②한 번에 많은 양을 물을 요구함
③작동할 때마다 많은 양의 오수가 발생하여 하수 시스템을 통해 정화작업이 필수적임

요구사항
①수도 시설의 제약을 받지 않고 자유롭게 설치가 가능한 세탁기
②물 낭비가 적고, 오수를 발생시키지 않는 세탁기

아이디어
①물이 아닌 이산화탄소를 물처럼 사용하는 세탁기를 사용하여 오염물을 제거
②이산화탄소를 외부에서 공급_배출하는 것이 아닌 에어컨과 같이 내부에서 기화_액화를 통해 계속해서 재활용
③건조기와 같이 집진기를 이용하여 배수 문제를 해결

사례 및 적용범위(기대상황)
①급수 및 배수, 오염수 처리가 어려운 시설에서 오염물이 묻은 의류를 세탁
②제품 손상으로 인해 물로는 세탁이 불가능한 제품도 세탁 가능
③물보다 표면장력이 크기 때문에 세제를 사용하지 않고도 오염물 제거 가능함

잠자는 캡슐

<출처: https://www.insight.co.kr/news/447565>

바쁜 삶을 사는 많은 현대인들이 가장 많이 겪는 고충중 하나는 수

면부족이다. 회사에서 업무를 보다보면 '딱 10분이라도 자고 있어 났으면 정말 좋겠다'는 생각을 종종 하곤 하는데, 이러한 생각을 실현시켜 줄 제품이 일본에 등장했다. 이 제품은 서서 자는 기린의 모습에서 아이디어를 얻어, 이름 또한 지라프랩이다.

캡슐의 모양을 한 제품 내부에는 신체를 지탱할 수 있는 지지대가 설치되어 있고, 지지대에 기대 잠시나마 수면을 취할 수 있다. 기본 구조는 서서 자는 것이기 때문에 효용성에 대해 의문을 품을 수 있지만, 일본의 홋카이도 대학과 대만의 쿵 국립 대학교는 공동 연구를 진행한 결과 서 있는 상태에서도 유효한 수면의 형태가 30분 이상 지속되는 것을 확인했다고 한다.

문제상황
① 수면 부족으로 인해 직장 혹은 학교 등 다양한 장소에서 피곤함을 느끼지만 마땅히 숙면을 취할 곳이 없는 현대인들
② 자리에서 잠깐 숙면을 취한다고 해도 자는 모습을 다른 사람들에게 보이고 싶지 않음
③ 누워서 자는 것은 머리를 셋팅하고 출근하는 직장인들에게 부담스러움

요구사항
① 잠시나마 숙면을 통해 피로를 회복하고, 일에 필요한 활력을 충전할 수 있는 장소나 도구가 필요함
② 다른 사람들이 볼 수 없도록 가려줄 수 있는 도구가 필요함
③ 헤어스타일이 망가지지 않는 상태로 숙면을 취할 수 있어야 함

아이디어
① 안이 보이지 않는 캡슐 형태의 낮잠 시설을 설치하여 잠시나마 숙면을 취할 수 있도록 함
② 설치자 입장에서도 공간적 부담이 적도록 세로가 긴 형태로 제작
③ 서서 자는 것과 거의 유사한 형태를 통해 헤어셋팅이나 옷 매무새가 흐트러지지 않도록 제작

사례 및 적용범위(기대상황)

①짧은 낮잠은 집중력 회복과 스트레스 감소, 업무 효율 증대에 기여하기 때문에, 올바르게 활용한다면 오너와 직원 모두에게 만족을 줄 수 있음
②실제로 도쿄 하라주쿠에 위치한 네스카페 슬립 카페에서 체험이 가능하도록 시범적으로 운영 중

생명을 살리는 추억의 장난감

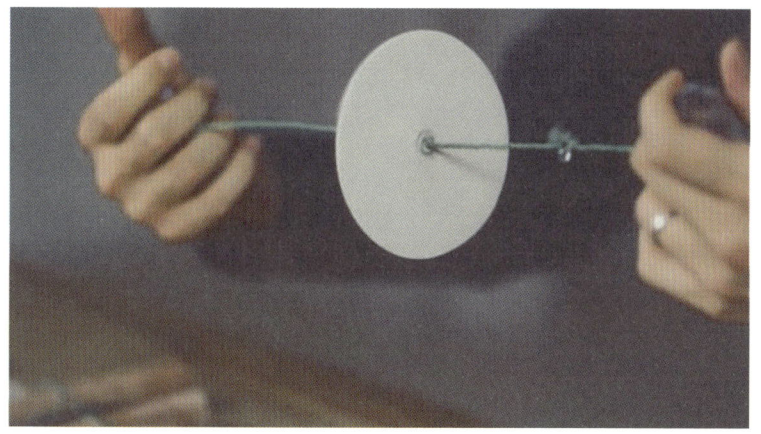

<https://imnews.imbc.com/newszoomin/newsinsight/5780400_29123.html>

말라리아는 한 해에만 수십 만명의 목숨을 앗아가는 무서운 질병이다. 우리나라에서는 비교적 그 수가 많지 않지만, 수치로만 따지면 매년 우리나라 도시 전체 인구와 맞먹는 사람들의 생명을 앗아가는 셈이다. 일반적으로 말라리아 감염은 현미경으로 혈액에서 말라리아 원충에 감염된 혈구를 확인한 뒤, 혈구속 말라리아 원충을 분리해야 하는데, 의료 인프라가 부족한 곳에서 원심분리기를 사용하기란 어려운 일이다.

이에 2017년 미국 스탠퍼드대 마누 프라카시 교수가 개발한 '종이원심분리기'인 일명 '페이퍼퓨지'이다. 어릴 적 추억에서 그칠 수 있었던 생각이 어디선가는 수십만 명을 살릴 치료의 발판을 제공하는 아이디어가 되었다.

혈액이 담긴 관을 종이판에 붙여 회전을 가하면 분당 12만 5천회의 회전속도로 몇 분 만에 혈액에서 혈장과 혈구를 분리시킬 수 있기 때문에 실용성면에서도 크게 뒤처지지 않는다.

문제상황
①매년 말라리아로 수십 만명의 사람들이 죽어감
②대부분 말라리아 감염으로 인한 사망자들은 의료시설이 열악한 장소나 국가에서 사망
③말라리아 감염 여부를 확인할 수 있는 원심분리기와 이를 가동시킬 전력공급이 어려움

요구사항
①말라리아 감염 여부를 확인할 수 있으면서 저렴한 가격으로 공급할 수 있는 원심분리기
②전기가 필요하지 않아야 함

아이디어
①저렴하게 대량으로 공급할 수 있는 종이와 실을 이용하여, 원심분리기를 현지에서 만들도록 함
②이를 통해 유통, 가격, 전력공급 문제를 해결

사례 및 적용범위(기대 상황)
①가격이 저렴하고 무엇보다 전기가 필요 없어 말라리아로 인해 고통받는 국가에 공급하기 용이함
②휴대성이 매우 높아 해당 국가에 살고 있는 거주민들 뿐만 아니라 여행객들도 빠르게 대처할 수 있음.
③ 말라리아 이외에도 원심분리기를 통해 검사가 가능한 질병에도 일부 활용할 수 있음.

손 없이 즐기는 게임

어릴 적 공상과학 영화에서 자주 보던 장면을 이제는 집에서도 볼

수 있게 됐다. 이 제품의 이름은 'Mendi'. 근적외선 분광법(fNIRS)을 사용하여 전두엽 피질(PFC)의 혈류와 산소 공급을 측정하는 방식을 통해 두뇌 활동만으로 게임을 즐길 수 있는 헤드셋이다.

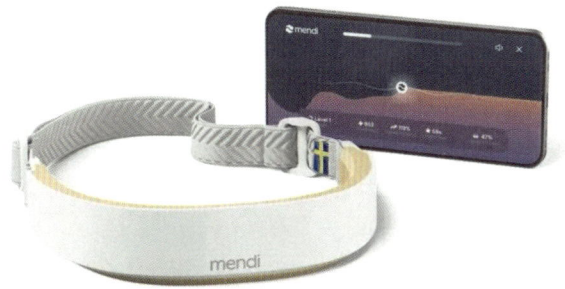

<출처: https://www.mendi.io/pages/product>

이 헤드셋은 뉴로피드백 게임에서 신경 활동을 시각화하여 뇌 활동을 시각화하기 때문에 뇌 활동을 직관적으로 볼 수 있다. 해당 헤드셋은 집중력 향상이나 기분조절, 스트레스나 조절이나 수면 패턴에까지 영향을 줄 수 있기 때문에 뇌 활동과 관련된 다양한 부분에서 도움을 제공한다.

이 아이디어는 손발을 통해 게임을 조작한다는 기존의 게임 방식에서 벗어나 훨씬 다양한 사람들이 게임을 즐길 수 있는 가능성을 마련하였다. 신체의 일부가 없거나 움직임이 불편한 사람들이 보다 편안하게 게임을 즐길 수 있을 뿐만 아니라, 신체 장애와 관련된 문제로 우울증을 겪고 있는 사람들에게 정서적 위안과 용기를 줄 수 있을 것이다.

문제상황

①많은 게임이 폭력성이나 심신불안 등 뇌에 부정적인 영향을 미치는 경우가 있음
②대부분 뇌에 좋은 영향을 주는 게임들은 내용이 비슷하고, 지루하다고 평가되는 경향이 큼

요구사항

①뇌 활동에 긍정적인 영향을 줄 수 있는 게임

②기존의 방식과 다른 형태의 게임을 제시하여 사용자들에게 신선함과 재미를 줘야 함

아이디어
①손을 사용하지 않고 조작하는 과정을 통해 뇌에 긍정적인 자극을 제공함
②기존과는 다른 조작방식을 통해 사용자들에게 새로운 재미를 선사함

사례 및 적용범위(기대상황)
①신체의 일부가 없거나 움직임이 불편한 사람들이 보다 편안하게 게임을 즐길 수 있음
②신체 장애와 관련된 문제로 우울증을 겪고 있는 사람들에게 게임을 통해 성취감을 제공함으로써, 정서적 위안과 용기를 줄 수 있음

돈만큼 달콤한 열매

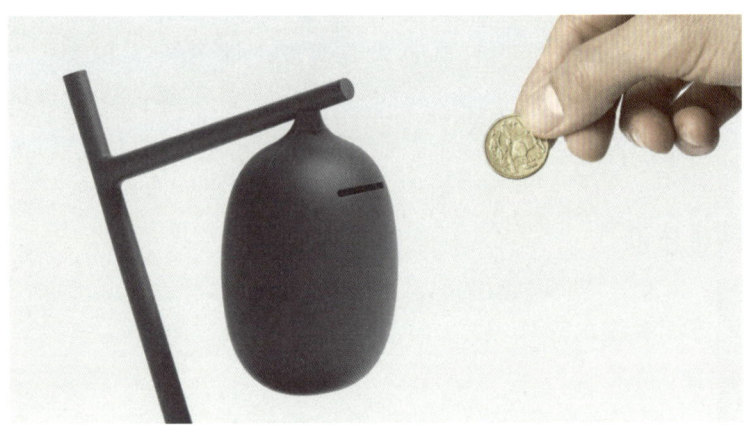

<출처: https://www.behance.net/gallery/122757013/Fruition>

이번에는 '열매와 수확'이라는 아이디어를 디자인으로 보여준 사례를 소개해 볼까 한다. 가지에 달린 열매의 모양을 하고 있는 이

저금통은 가지 부분과 열매 사이를 자석으로 연결하여, 무게가 충분히 무거워지면 열매가 땅에 떨어지듯, 저금통이 떨어지는 구조로 만들어 졌다. '열매'를 노력의 결실로 표현하는 경우를 자주 볼 수 있는데, 이 저금통만큼 달콤한 열매가 또 있을까.
용도와 의미가 직관적인 만큼 아이디어가 돋보이는 제품이라고 생각된다. 열매를 수확하는 것과 저금을 하는 행위 모두 시간과 노력이 필요한 만큼, 다른 저금통보다 결실이 달콤한 제품일 것이다.

문제상황
저금은 다양한 이점이 있지만, 긴 시간을 참고 지속적으로 수행하기가 어려움

요구사항
저금을 재미있게 할 수 있는 도구가 필요

아이디어
①긴 시간 노력을 통해 결실을 맺는다는 점에서 저금은 열매와 매우 비슷함
②저금통 자체를 열매모양으로 만들어 직관적이고 재미있는 상황을 연출
③일정 무게가 되면 열매가 땅에 떨어져 수확되듯이 저금통도 일정 무게가 되면 떨어지도록 설계

사례 및 적용범위(기대상황)
①재미있는 방식을 통해 저금을 하도록 유도함으로써, 불필요한 지출을 아끼고 목돈을 마련할 수 있음
②직관적인 것을 좋아하는 아이들에게 저금과 관련된 교육을 실시할 때 유용하게 활용 가능

극장에서 마시는 커피 한잔
스타벅스는 이제 없는 곳을 찾기 힘들 정도로 우리 주변에서 흔히

찾아볼 수 있다.

<출처: https://www.starbucks.co.kr/store/store_map.do?disp=quick>

전국에 1800개가 넘는 스타벅스 매장 가운데 지금 소개할 곳은 우리가 흔히 아이디어를 발상할 때 놓치기 쉬운 부분에 충실했다는 점에서 오히려 이목을 끈다. 1994년 폐관된 경동극장을 개조해서 만든 이곳은 메트로한 감성을 선호하는 요즘 세대들에게 인기 있는 커피숍 중 한곳이다. 음료가 완성되면 음료를 주문한 고객의 닉네임 혹은 주문번호를 영사실에서 사용하던 영사기를 사용하여 알려준다. 발상의 기본은 기존의 것들을 끊임없이 조합하고 분해하는 과정에서 새로운 아이디어를 찾는 것이다. 지나차게 새로운 아이디어에 집중하다 보면, 기존의 것을 완전히 버려야 한다는 착각에 사로잡히곤 한다.

스타벅스 경동1960점은 원래 장소의 역할에서 착안한 아이디어를 통해 다른 스타벅스와는 색다른 모습을 선보일 수 있었다.

문제상황
①기존의 카페들은 모두 비슷비슷한 느낌을 줌
②커피 맛만으로는 손님들에게 큰 어필을 하기 힘듦

③어딜 가든 5분 거리 이내에 커피숍들이 즐비할 정도로 경쟁이 치열함

요구사항
①다른 커피숍들과 차별화된 느낌을 제공해야 함
②커피 맛 외에 손님들에게 어필할 수 있는 포인트가 있어야 함

아이디어
①기존에 있던 시설과 도구들을 활용하여 카페와 융합시킴으로써 특색있는 카페로 꾸밈
②기존 시설과 장비들을 이용하기 때문에 인테리어나 가재도구를 마련하는 비용을 절감할 수 있음
③과거 장소에 대한 스토리를 손님들에게 설명하여 상상력을 자극하고, 기억에 남을 수 있는 경험을 제공

사례 및 적용범위(기대상황)
①스타벅스 경동1960점은 1994년 폐관된 경동극장을 개조하여 만든 카페로, 손님들에 커피를 마시면서 영화관의 감성을 느낄 수 있도록 함
②메트로 감성을 좋아하는 사람들에게 어필
③영화관과 카페의 결합 외에도 수족관, 놀이터, 빵집 등 다양한 공간들 간의 융합으로 응용할 수 있음

지구를 살리는 스티커

현대 사회에서 지속가능한 소비와 환경보호는 매우 중요한 이슈다. 콜롬비아의 한 슈퍼마켓은 이러한 문제에 독특한 해결책을 제시하며, 음식의 신선도를 알려주는 스마트 스티커를 선보였다. 이 슈퍼마켓은 과일과 야채의 신선도와 숙성 정도를 한눈에 파악할 수 있는 스티커를 개발하여 제품에 부착했다. 각 제품에는 익은 정도에 따라 다른 색상으로 표시되는 스티커가 붙어 있습니다.

출처: https://instagram.com/makrocolombia?igshid=MzRlODBiNWFlZA>

예를 들어, 노란색은 완전히 익은 과일을 나타내고, 녹색은 아직 익지 않은 상태를 의미한다. 이렇게 스티커를 통해 소비자들은 '이 정도면 충분히 익은건가? 너무 익은건가?'와 같은 고민에서 벗어날 수 있다. 뿐만 아니라, 이 스티커는 익은 상태에 따라 어떻게 가장 맛있게 섭취할 수 있는지를 알려주는 정보를 제공한다.

원형 스티커 안에는 실제 요리 방법이나 저장법에 대한 힌트가 제시되어 있어, 소비자들은 제품을 최대한 활용할 수 있다. 신선한 제품을 정확하게 인식하고 올바르게 활용함으로써, 소비자들은 자연스럽게 음식 낭비를 줄이는데 기여하게 된다. 이렇게 슈퍼마켓은 환경보호와 소비자의 경험을 동시에 고려한 아이디어를 제시함으로써 사회적으로도 큰 관심을 받고 있다.

문제상황

①현대 사회에서 음식 낭비는 심각한 환경 문제다
②소비자들은 음식의 신선도와 숙성 정도를 정확하게 파악하기 어려워 알려줄 뭔가가 필요하다.

요구사항

①음식 낭비를 줄이기 위한 효과적인 방법을 모색
②소비자들이 음식의 신선도와 숙성 정도를 쉽게 파악할 수 있도록 도움이 필요

아이디어

①과일과 야채마다 신선도와 숙성 정도를 색상으로 표시한 스마트 스티커를 개발
②익은 상태에 따라 어떻게 섭취하는 것이 가장 맛있는지 조리법을 제공
③과일에 따른 올바른 저장 방법을 함께 표시하여 보관 기간을 늘림

사례 및 적용범위(기대상황)

①Makro Colombia에서 스마트 스티커를 이용해 소비자들의 과일 및 채소 구매에 긍정적인 경험을 제시하고, 식품 낭비를 줄임
②과일 이외에도 다양한 식품에 활용 가능함. 예컨데 과일처럼 비닐이나 용기에 담아 팔지 않는 제품들은 제품에 대한 부가정보를 제공할 방법이 마땅치 않음. 이럴 경우 조리나 보관이 필요한 식품에 제조사가 스티커를 부착하여 정보를 제공함으로써, 소비자들에게 긍정적인 쇼핑 경험을 제공할 수 있음
③스티커를 통해 정보를 얻은 고객들은 정보 자체만으로도 해당 기업을 긍정적으로 바라볼 수 있음. ESG에 대한 관심이 높아지고 있는 만큼 브랜드 이미지에 긍정적인 영향을 줄 수 있음.

하루를 시작하고 마치는 창, 거울

일반적으로 거울의 용도는 거울에 비친 내 모습이 어떠한지 살피는 것에 있다.

<출처:https://www.goodnews1.com/news/articleView.html?idxno=412210>

수천 년도 더 오래전부터 그래왔고, 선명도나 모양이 조금 더 발전했을 뿐 그 이상 재미있는 아이디어를 접목시키는 어려워 보인다. 하지만 조금 더 넓은 의미에서 거울을 사용하는 맥락을 이해하면 이야기는 달라질 수 있다.

우리가 욕실 거울이나 화장대의 거울을 가장 열심히 사용할 때는 대부분 하루를 시작하거나 외출하기 직전의 상황이다. 즉, 내 모습을 바라보는 것에 그치는 것이 아니라 하루를 시작하는데 필요한 모든 요소를 결합시킴으로써 거울의 역할을 확장시킬 수도 있다는 것이다.

아침을 상쾌하게 시작하고 싶다면 거울에 내장된 블루투스 스피커를 활용해 음악을 재생하고, 여름이라 출근길 날씨가 걱정된다면 따로 찾아볼 필요 없이 시간 설정을 통해 내가 출근하는 시간에 맞춰 거울에 날씨 정보를 띄울 수 있을 것이다.

또한 화장품을 바르거나 면도를 하면서 음성 기능을 통해 어제 밤사이에 있었던 뉴스 내용을 들으며 시간을 절약할 수 있고, 꾸미는 것에 관심이 많은 사람에게는 피부에 맞는 화장품 컬러나 날씨나 목적지에 맞는 의상의 색깔을 추천받을 수도 있을 것이다.

제품의 한계를 제한하는 순간 아이디어도 끝을 맞이한다. 남들보다 더 넓게 많은 것을 보고 느낄 수 있도록 항상 눈을 밝히는 습관을 들여라.

문제상황
바쁜 아침 시간에 거울을 보면서 외출을 준비할 때, 나가기 전에 필요한 정보를 얻기 위해 스마트 폰을 켜서 각 정보가 있는 페이지로 접속하거나, tv로 뉴스를 확인하는 등 귀찮은 과정들을 거쳐야 함.

요구사항
①외출에 필요한 모든 정보를 별도의 조작 없이 편하게 얻을 수 있도록 함
②외출 준비를 방해하지 않으면서 자연스럽게 외출에 필요한 정보를 제공함

아이디어
①모든 사람들이 외출준비를 하기 위해 거울을 필수로 확인함.
②거울에 여러 가지 정보를 제시할 수 있는 기능을 탑재함.
③거울을 볼 때는 대부분 화장품을 바르거나, 머리를 말리거나, 옷매무새를 확인하는 등 행동은 간단하지만 시간이 제법 소요되므로 충분히 정보 습득할 수 있는 인지능력과 시간적 여유가 존재함

사례 및 적용범위(기대상황)
①LG전자에서는 뷰티 컨설팅을 제공하는 스마트 미러를 선보임
②삼성전자는 호텔에 스마트 미러를 설치하여 미팅룸 예약, 뉴스, 날씨 등 정보를 제공하기도 함
③외출에 필요한 정보 외에도 한때 유행했던 퍼스널 컬러 진단이나 운동 자세를 교정해주는 코칭 기능, 영유아들의 지각 능력 향상을 위한 교육콘텐츠 등으로 활용할 수 있을 것

사료는 더 이상 맛이 아니라 경험이다.

우리와 함께 살아가는 동물들에 대한 인식이 달라짐에 따라 명칭이나 의미가 달라지고 있다.

<출처: https://www.youtube.com/watch?v=_ttOT5u_j6o>

애완동물은 반려동물로, 먹이를 줘야 하는 대상에서 함께 식사를 하고 위안을 주고받는 동반자로 변화하고 있다.

애완견 브랜드 Pedigree는 이러한 변화에 주목하는 브랜드 중 하나이다. 2018년에 런칭을 시작으로 SelFieSTIX라는 캠페인을 진행하면서 수 많은 글로벌 광고제에서 수상한 해당 아이디어는 제품 자체보다는 반려견과 사람 사이의 관계에 집중함으로써 성공을 거두었다. 그들은 강아지의 구강 관리에 도움이 되는 껌과 함께, 스마트폰에 강아지 간식을 고정할 수 있는 DentaStix라는 악세사리를 세트로 판매하였다. 또한 강아지의 얼굴을 재미있게 꾸밀 수 있는 어플리케이션도 함께 배포하였다. 이러한 아이디어는 반려동물과 함께 셀프 카메라를 찍을 때 동물들이 집중할 수 있도록 도움을 주었다. 이에 해당 기업에서는 제품 자체는 물론, 반려동물과 사진을 찍으며 함께 시간을 보내고, 서로 경험을 공유할 수 있는 아이디어를 통해 차별화된 전략을 선보였다.

문제상황

① 반려동물 사료 시장은 충분히 성장함에 따라 제품 자체의 맛이나 기능에서는 차별점을 두기 힘들뿐더러, 있다고 하더라도 소비자들에게 어필하기는 매우 힘듦
② 반려동물은 더 이상 일방적으로 먹이를 제공해야 하는 대상이 아니라, 함께 식사를 즐기고 위안을 얻는 동반자로 변화하였다. 따

라서 단순한 먹이로써 사료는 큰 의미가 사라짐

요구사항
①제품의 맛이나 기능 이외에 반려동물과 함께 사는 소비자들에게 어필할 수 있는 방법이 필요
②일반적인 사료가 아닌 동물들과 함께 좋은 경험을 나눌 수 있는 식사 거리를 제공함으로써 소비자를 만족시켜야 함

아이디어
①반려동물용 간식을 카메라에 옆 매달 수 있는 악세사리를 함께 제공하여, 사진을 찍을 때 반려동물들이 주인과 같은 방향을 볼 수 있도록 함
②사진을 찍을 때 동물을 꾸며줄 수 있는 어플을 함께 배포하여 재미있는 사진을 남길 수 있도록 함

사례 및 적용범위(기대상황)
①애완견 브랜드 Pedigree는 SelFieSTIX라는 캠페인을 진행하면서 반려견들과 함께 사진을 찍는데 도움을 주는 악세사리를 간식과 세트로 제공함
②반려동물 교육에도 응용할 수 있을 것으로 기대됨. 예컨대 어떠한 시각 정보를 이용하여 교육을 해야하는 경우에 처음에 화면을 보도록 유도하거나, 간식이 달린 화면의 내용을 잘 숙지하면 보상으로 매달려있던 간식을 주는 등 응용이 가능할 것으로 보임
③시장이 충분히 성장하여, 기본적인 기능만으로 경쟁이 힘든 산업에서 응용이 가능할 것으로 기대됨

덩굴처럼 자라나는 로봇

스텐포드 대학 연구진이 개발한 이 로봇의 이름은 Vine Robot(덩굴 로봇)으로 이름 그대로 흔히 볼 수 있는 덩굴 식물에서 아이디어를 착안한 로봇이다.

<출처: https://www.vinerobots.org/>

Vine Robot은 비닐로 된 길고 얇은 튜브에 공기를 주입하는 방식을 통해 움직이는 로봇으로, 덩굴과 같은 모양의 구조를 가지고 있기 때문에, 다양한 형태로 변형이 가능한 덕분에 다양한 환경에서 이동하고 작업이 가능하다.

예컨대 사람이 진입할 수 없는 좁은 지형을 탐사하거나, 사진과 같이 공기 대신 물을 사용해 좁은 틈에 난 화재도 진압이 가능하다. 또한 사고현장에 갇힌 사람에게 산소나 물과 같은 자원을 공급할 수 있고, 움직임 또한 사람이 직접 조정하거나 환경에 따라 특정한 행동 패턴을 자동으로 수행하도록 설정할 수도 있다.

기계는 딱딱하다는 흔한 관념에서는 벗어나고, 주변에서 흔히 볼 수 있는 식물의 특성을 활용했다는 점이 돋보이는 아이디어다.

문제상황

①사람이 접근하기 어려운 좁은 공간이나 위험한 환경에서의 작업이 필요함

②기존의 로봇은 크기나 구조의 한계로 인해 이러한 환경에서의 작

업이 어려움

요구사항
①사람이 접근하기 어려운 좁은 공간이나 위험한 환경에서도 작업이 가능한 로봇
②다양한 형태로 변형이 가능하여 다양한 작업이 가능하여야 함

아이디어
①덩굴의 특성을 이용하여 다양한 형태로 변형 가능한 로봇을 제작
②비닐로 된 길고 얇은 튜브에 공기를 주입하여 움직이는 방식을 통해 좁은 통로나 끈적이는 공간으로 자유롭게 진입 가능

사례 및 적용범위(기대상황)
①지하터널, 폐광, 좁은 협곡 등 사람이 진입하기 어려운 좁은 지형의 탐사
②좁은 틈새에 난 화재 진압
③사고 현장에 갇힌 사람에게 물자 공급
④건설 현장, 제조 공장 등에서 다양한 작업 수행

참고문헌

DBR. 149호. 왜 월맹군은 폭격 위험 속에서도 문화재 발굴에 매달렸을까(2014년 3월 Issue 2)

http://news.yonsei.or.kr

https://blog.naver.com/stussyblog/223184610918

https://www.forbes.com/sites/rodberger/2022/07/20/mendi-powers-brain-health-education-training-game/?sh=29896c187918

https://www.pngwing.com

Kotler &. Keller(2009). Exam Prep for Marketing Management, 12th Ed.

고은주 외(2023). 패션브랜드와 커뮤니케이션. 교문사

고은주, 김경훈, 전은하(2014). 소비와트렌드 3판. KSMS

김재수(2013). 구매행동의 고객가치, 혁신성, 혜택에 관한 연구. 창원대학교 박사학위논문

네이버 지식백과, 시사상식사전, pmg 지식엔진연구소

노우리(2023). 류재철 LG전자 사장 "승부는 '연결' 이후…물없는 세탁기 개발중", news1뉴스, 2023.01.15.,
https://www.news1.kr/articles/4924455

노유정(2023). "신기방기, 기발하네"…소소하고 번뜩이는 아이디어 제품들, 한국경제, 2023.01.08,
https://www.hankyung.com/economy/article/2023010888 09i.

박선하(2020). [뉴스인사이트] 장난감 팽이 무시하지 마세요. 누군가의 생명을 구합니다., MBCNEWS, 2020.05.20.,
https://imnews.imbc.com/newszoomin/newsinsight/5780400_29123.html

선유선(2019). '직원 아이디어' 하나로 신박한 제품 출시…'대박' 낸 기업들, 아주경제, 2019.06.01.

https://www.ajunews.com/view/20190601165039431.

아시아경제(2022). 영화 '한산'속 日 적장은 왜 학익진을 얕봤나 (2022.8.26.)

여성환(2014). 소셜플랫폼의 소비자 행동에 관한 연구. 창원대학교 박사학위논문

여성환 외(2020). 4차산업혁명과 실전 창업보육. 박영사

우리역사넷. 일본의 수륙병진 전략을 무력화하여 전쟁의 판세를 뒤엎다.

유창조(2009). 광고에 필요한 창조적 아이디어마케팅, 43(11), 53-55.

이광연(2013). 조선의 산학서로 보는 이순신 장군의 학익진, 동방학. 제28호, 7-42쪽

이근상(2021). 작은 브랜드를 위한 책. 몽북스

임기수(2023). 피곤+수면 부족에 지친 현대인들 위해 개발된 빨리 잠들고 깰 수 있는 '서서 자는 캡슐', 인사이트, 2023.08.18., https://www.insight.co.kr/news/447565

전자신문. https://www.etnews.com

제임스 웹 영(2018). 이지연(번역) 60분 만에 읽었지만 평생 당신 곁을 떠나지 않을 아이디어 생산법. 월북

조상현(2011). 현대 전쟁에 있어서 제한전 연구. 군사연구 제122집

조성도(2022). "한산도대첩(閑山島大捷)". 한국민족문화대백과사전(2022.11.19.)

허소영(2015). 그린 광고가 브랜드 설득과 그린 컨슈머리즘에 미치는 영향에 관한 연구. 창원대학교 박사학위논문

여성환 경영학박사
한국경영연구소 대표이사
(전)국립창원대학교 경영학과 겸임교수
청년창업사관학교 특화코칭 및 강의전담교수(마케팅)
중소벤처기업진흥공단 컨설팅전문위원
영산대학교 초기창업패키지사업단 운영위원장
(전)거제조선업희망센터 창업교육 및 컨설팅 수행기관
ISO 9001 / ISO14001 국제선임 심사원
ESG 진단평가사 / 창업지도사 1급
2020 대한민국 뉴리더대상 수상(고용부문대상)
경남교통방송/경남연합일보 논설위원(경제·경영분야)
LG헬로비전(경남방송) 전문패널(경제·경영분야)
KBS 창원방송총국 전문패널(경제·경영분야)
2002 부산아시안게임 성화봉송주자(경남 대표)
2004 아테네올림픽 성화봉송주자(대한민국 대표)
(특허) 스타트업 기업을 위한 스마트 마켓 제공 시스템(제10-2331376호)
(저서) 4차산업혁명과 실전창업보육(박영사, 2020) 공저
쇼핑플랫폼 http://starplatform.co.kr

여동윤
경기대학교 교육대학원 졸업
현재 배재고등학교 사서로 근무 중
삼성전자, 서울산업진흥원, 종로문화재단에서 근무
한국경영연구에서 서비스혁신 업무담당

메타버스 시대의
아이디어 마케팅

2023년 9월 4일 초판 1쇄
2023년 10월 12일 초판 2쇄
지은이 여성환, 여동윤 공저
펴낸이 여성환
펴낸곳 스타플랫폼
인 쇄 예인기획

등 록 2023년 5월 25일 제2023-000022호
주 소 창원시 성산구 대암로77번길 25 2층
전 화 055-274-2020
팩 스 055-264-4444
이메일 happy_platform@naver.com
ISBN 979-11-984349-0-6

값 18,000원